À LA POURSUITE DE MON RÊVE :

L'histoire époustouflante d'un Immigrant Africain en Amérique ...

KOMI AFETSE

www.ascendantpress.com

Copyright © 2018 Komi Afetse

No part of this book may be used or reproduced in any manner whatsoever without written permission except in the case of brief quotations embodied in articles or reviews.

Any similarities to other intellectual works are either coincidental or have been properly cited when the source is known. Trademarks of products, services, organizations or agencies mentioned herein belong to their respective owners and not affiliated with the publisher nor the author.

Mention of specific companies, organizations, agencies, or authorities in this book does not imply endorsement by the author or publisher, nor does mention of specific companies, organizations, or authorities imply that they endorse this book, its author, or the publisher.

Book cover by Emily Edson Design

Library of Congress Cataloging–in-Publication Data in on file.

Paperback ISBN: 978-1-7322973-1-9

Copyright Office Registration Number: TXu 2 – 085 – 719

Book Consulting Services by Ascendant Press
www.ascendant.press.com

Table des Matières

Dédicace VII
Avant-propos par Marco Kpeglo LeRoc IX
Préface XIII
Ière Partie – Mon Parcours
    Lettre de L'auteur 3
    Chapitre 1: Ce que je crois 9
    Chapitre 2: L'obtention de mon visa américain 19
    Chapitre 3: Mon Premier Jour Aux Etats-Unis 27
    Chapitre 4: Ma Première Année En terre Américaine 35
    Chapitre 5: Du Cuisinier au restaurant « Popeyes »
      À L'officier, Ingénieur de l'Armée Américaine au Pentagone 53
IIème Partie: Les Principes
    Inspiration Inattendue 76
    Chapitre 6: Votre Attitude et votre Philosophie 79
    Chapitre 7: Comment atteindre Vos Objectifs et
      Votre Imagination 85
    Chapitre 8: La Gestion de Votre Temps 99
    Chapitre 9: La Réussite: Comment la définissez-vous ? ... 103
    Chapitre 10: Résolution des Problèmes 107
    Chapitre 11: L'Argent et Les Finances 111
    Chapitre 12: Je suis un Soldat Américain ! 115
Réflexions finales 129

Dédicace

Au début, vous ne choisissez pas vos parents, ni votre lieu de naissance, encore moins la façon dont vous devez être élevé. Mais, au fur et à mesure que vous grandissez, vous devez assumer la responsabilité de la majeure partie de ce qui vous arrive.

Votre monde extérieur ne changera pas tant que vous n'avez pas changé votre façon de penser. Une fois que vous le faites, tout ce qui se produit autour de vous est désormais le résultat de ce que votre esprit a créé.

S'il vous est déjà arrivé de vous demander pourquoi vous êtes sur terre …

… Si jamais vous avez eu à traverser des périodes durant lesquelles rien ne semblait aller comme vous le souhaitiez, pourtant vous avez continué d'avancer malgré tout…

… Si vous avez toujours eu le sentiment que votre vie pourrait être meilleure que votre situation actuelle n'y paraît …

… Si vous êtes animé par l'idée de rechercher une vie meilleure et d'aider les autres à faire pareil …

… alors, ce livre est pour vous.

Avant-Propos par Marco Kpeglo LeRoc

Je me souviens clairement lorsque le Lieutenant Komi Afetse de U.S Army m'a contacté via les réseaux sociaux il y a quelques années. Il m'a fait part de son appréciation du travail que je faisais ainsi que de son vœu de maintenir le contact.

Nous sommes entrés en contact en ligne et six mois plus tard, nous avons pu finalement nous rencontrer en personne, alors que j'étais à Washington pour une conférence. Ce qui devait être un dîner de 45 minutes s'est transformé en une conversation de plus de deux heures. Je suis reparti inspiré par l'histoire d'un homme arrivé aux États-Unis avec presque rien - pas même la langue anglaise - et qui s'est battu dans des circonstances presque impossibles pour réaliser autant de rêves. Et il a tout fait cela avec une attitude positive, un sens de la gratitude et une conviction profonde dans la possibilité d'un avenir meilleur.

Le lieutenant Afetse est venu d'un endroit où, même si l'on décidait d'améliorer la qualité de sa vie, cet objectif serait presqu'impossible à réaliser. Comme moi, il est arrivé aux États-Unis avec à peine plus que le désir de s'instruire et de réussir. Mais cela était suffisant pour le propulser vers ses objectifs dans un pays étranger.

Ce n'était pas facile. Le lieutenant Afetse a été confronté à des demandes de visa rejetées, à une détention liée à l'immigration et à une série de défis comprenant des emplois à bas salaire et peu de ressources. Il a mené des combats qui feraient dire à beaucoup: «Ce n'est pas ce qui était censé être.» Mais Komi savait mieux. Son cœur et sa foi lui ont murmuré que la terre d'opportunité que représentent les Etats-Unis d'Amérique avait aussi quelque chose à lui concéder. Il n'a jamais hésité dans ses convictions. Il a absorbé l'inspiration et la connaissance de tout et de tous ceux qui l'entouraient. Il a saisi toutes les occasions pour se rapprocher furtivement de sa vision de devenir un chef de file de l'armée des États-Unis.

Ce livre est plus qu'une histoire de lutte et de sacrifice. C'est un témoignage du pouvoir d'un état d'esprit positif et d'une vision optimiste du monde. Cette mentalité positive peut avoir un impact puissant sur votre capacité à vivre votre vie, à votre façon, en dépit des nombreux obstacles sur le chemin. »

Ce livre est la preuve que les immigrants, les membres des forces armées et les Américains dans leur ensemble ont le pouvoir - et même la responsabilité vis-à-vis d'eux-mêmes - non seulement de rêver grand, mais également de fournir les efforts correspondant et de tenir fermes jusqu'à ce que leurs rêves se réalisent.

C'est une histoire orientée vers la façon dont votre état d'esprit affecte tout dans votre vie: de vos perspectives, à vos relations ainsi que vos opportunités de carrière. Être positif peut être le produit d'une façon de penser- et l'histoire du lieutenant Afetse est la preuve que la vie est un écho où ce que vous envoyez c'est justement ce que vous recevez.

Le Lieutenant Afetse nous enseigne que nos croyances à propos de nous-mêmes influencent les choix que nous faisons : « Si nous pensons que nous ne sommes rien, nous ne faisons rien. Si nous pensons être indignes, tout le monde le pensera aussi. Mais si nous croyons que nous sommes créatifs, nous deviendrons plus créatifs dans nos stratégies de réussite. » Et, dit Afetse, si nous croyons que nous en sommes dignes, nous saisirons plus d'opportunités, atteindrons des objectifs plus ambitieux et nous battrons plus fort pour le bonheur.

Ce livre est destiné aux personnes qui veulent accomplir davantage mais se sentent freinées par un entourage négatif ou démotivé. C'est un livre pour ceux qui veulent se libérer pour vivre une vie plus inspirée. Ceux qui veulent apprendre à s'entourer de positivité, ceux qui veulent s'exprimer par eux-mêmes.

Il appartient aux militaires de trouver leur raison d'être, de tirer parti des dirigeants inspirants à leur disposition et de saisir l'occasion qui leur est offerte de servir de façon judicieuse afin de tracer la voie du succès pour le reste de leur vie.

Ce livre est destiné aux immigrants - ou à des immigrants optimistes - afin de trouver la motivation pour tirer parti des incroyables opportunités aux États-Unis ou ailleurs. Nous voulons que vous deveniez le moi percutant, inspirant et réussi que vous avez à l'intérieur.

Les remarques et idées du lieutenant Afetse s'adressent également à tous ceux qui souhaitent apprendre les principes de la persévérance, de la confiance en soi et de la mentalité du vainqueur. Ce livre est destiné aux gens qui rêvent grand alors qu'ils n'accomplissent pas encore de grands résultats. Pour ceux qui ont soif de moyens de construire leur force intérieure.

L'histoire du lieutenant Afetse commence au plus profond d'une situation désespérée et se termine par un triomphe qui se poursuit aujourd'hui. Je crois qu'il va accomplir beaucoup plus, continuer à inspirer et avoir un impact significatif dans le monde entier. Son histoire est la preuve vivante que la mentalité fait ou défait le succès. Et dans ces pages, vous trouverez des outils simples mais puissants qu'il utilise pour se relever et se révéler. Suivez ses conseils pour mettre en œuvre ces outils dans votre propre vie - ici, maintenant et quelles que soient les circonstances dans lesquelles vous vous trouvez lorsque vous prenez ce livre en mains.

Ce livre est destiné à tous ceux qui sont prêts à transcender les circonstances négatives, à transformer leur pensée et à transformer leurs rêves en réalité. Je vous invite à vous joindre à moi à travers ces pages de l'histoire inspirante de Komi qui a commencé à plus de 5 000 km au Togo, en Afrique de l'Ouest, puis s'est terminée par la réalisation de son rêve américain et qui se poursuit à travers ces pages.

Cordialement,
Marco Kpeglo LeRoc
Auteur, Conférencier International et hôte de « Inside a Great Mind »

Préface

Pourquoi j'ai écrit ce livre ?

Lorsque j'ai été déployé en Afrique comme Sergent spécialiste des affaires civiles en Février 2015, J'ai reçu ma nomination directe en tant que Lieutenant de l'armée des États-Unis. Un spécialiste des affaires civiles de l'armée est principalement responsable des interactions avec la population civile, quel que soit le lieu où l'armée est déployée. Cette personne sert également de passerelle entre les autorités militaires et civiles en temps de paix et de conflit. C'est en tant que Sergent que je me suis rendu en Afrique. Toutefois, j'avais postulé pour devenir Officier juste avant mon déploiement. Et c'est durant ce déploiement que j'ai été choisi pour exercer en tant qu'officier de l'armée américaine.

Avant de prêter serment en tant qu'officier, il m'a été demandé de fournir ma biographie au Major-général Wayne Grigsby, commandant de la force opérationnelle multinationale interarmées dans la Corne de l'Afrique, qui allait administrer le serment. Ce que j'ai fait. Après avoir lu la biographie que j'avais fournie, le général ému m'a demandé s'il pouvait raconter mon histoire à sa famille. J'ai été surpris et un sentiment d'humilité m'a envahi de me rendre compte qu'un Général Deux Étoiles de l'armée des États-Unis – du haut de son expérience de vie autant que professionnelle - veuille partager mon histoire.

Quelques jours après la cérémonie, le bureau des affaires publiques et des medias de la force opérationnelle interarmées dans la Corne de l'Afrique m'a demandé si je voulais me mettre à table pour une entrevue. La question était de savoir si je consentais à ce que mon histoire fasse l'objet de publications. J'ai rencontré le Sergent Dean de l'US Air Force et discuté avec lui de la manière dont un immigrant en provenance du Togo, un pays d'Afrique de l'Ouest, est devenu Officier de l'armée des États-Unis. Mon histoire a été publiée sur divers médias de l'armée. C'est ainsi qu'au cours des mois qui suivirent, j'ai reçu de nombreuses poignées de mains de félicitations, appels téléphoniques et courriels.

C'est dans ce contexte qu'un de mes coéquipiers m'a suggéré: «Komi, pourquoi ne partages-tu pas ton histoire avec un public plus large, dans un format différent comme un livre ? Ton expérience pourrait inspirer des gens qui essaient de réaliser quelque chose de similaire - ou même quelque chose de totalement différent – à redoubler d'effort. »

Je me demandais à haute voix qui prendrait plaisir à lire l'histoire d'un quelconque immigrant africain vivant aux États-Unis d'Amérique. Il existe des millions d'immigrants tout comme moi dans ce pays. Mais, devant mon hésitation, il ne s'est pas découragé, insistant même sur le fait que mon histoire était unique et qu'elle pourrait être utile au prochain. Au bout d'une longue conversation avec lui, je promis d'y réfléchir.

Au fil des jours et des mois qui suivirent, de plus en plus de courriels de félicitations sincères et d'encouragements me parvenaient. Un en particulier attira mon attention. Il venait d'un autre membre de l'armée, originaire d'Afrique mais ayant émigré aux États-Unis quelques années auparavant. Il avait également intégré l'Armée. Il écrivait :

« Lieutenant Afetse,

Je ne vous connais pas personnellement, mais lorsque j'ai lu votre histoire dans la presse de l'armée, j'ai eu l'impression qu'elle avait été publiée dans le seul but de m'encourager à poursuivre sans relâche mon rêve de devenir Officier comme toi.

Je suis originaire d'Afrique du Sud et je suis venu aux États-Unis il y a quelques années afin de trouver de meilleures possibilités pour ma famille et moi-même. Lorsque je quittais mon pays, j'étais déjà détenteur du diplôme de maîtrise. En dépit de cela, j'ai tout de même rencontré beaucoup d'obstacles dans ma quête du grade d'Officier de l'armée. Au cours de mes recherches, j'ai rencontré des personnes qui me donnaient l'impression qu'il était impossible de le devenir, simplement parce que je n'étais pas né aux États-Unis.

Par conséquent, j'ai mis une croix sur mon plan initial et décidé de retourner aux études et de travailler uniquement dans le secteur civil, même si mon véritable désir était de servir mon nouveau pays en tant que militaire. Lire ton histoire a rafraîchi mon rêve et m'a motivé davantage. Je me suis donc enrôlé dans l'armée et je suis en train de devenir officier. Même si nous ne nous connaissons pas, tes paroles m'ont réellement encouragé. Et j'ai maintenu le cap malgré qu'il m'arrivait de me décourager. Merci pour le partage.»

Après avoir lu ce courriel et réfléchi aux propos de mon collègue, j'ai décidé de consigner mon expérience par écrit, dans l'espoir qu'elle puisse inspirer quelqu'un(e) d'autre ayant peut-être besoin d'un peu d'encouragement. Si un livre audio acheté dans un magasin d'aubaines a pu révolutionner ma vie, alors peut-être que mes combats, mes expériences et mes victoires pourraient aider toutes autres personnes en train d'essayer d'accomplir quelque chose de valeureux. J'ai écrit ce livre pour vous faire savoir que vous avez une vocation dans cette vie, une raison d'être ! J'ai écrit ce livre dans le but de vous inciter à rêver grand, à travailler intelligemment, à concevoir votre propre vie et réussir, indépendamment de l'endroit où vous êtes né, et de la façon dont vous êtes né.

Tout au long de mon parcours, j'ai appris et appliqué de nombreux principes pour surmonter mes difficultés et garder un œil sur ce que j'essayais d'accomplir. Des principes tels que la croyance, l'attitude, la philosophie de vie, l'autodiscipline, la fixation d'objectifs, la gestion du temps, le pardon, le succès, et bien d'autres ont été des instruments efficaces m'ayant permis d'atteindre chacun des objectifs que je m'étais fixé. Je les partagerai avec vous dans l'espoir que vous pourrez les appliquer à votre propre parcours.

Bien entendu, si rien de ce que vous venez de lire n'est nouveau pour vous, j'espère tout au moins que ce livre vous rappellera ce que vous savez déjà. Nous en avons tous besoin de temps en temps.

PIÈRE PARTIE : **Mon parcours**

Lettre de l'auteur

Dans la matinée du 24 mars 2014, j'étais assis à mon poste au siège du commandement des affaires civiles et psychologiques de l'armée américaine à Fort Bragg, en Caroline du Nord. Soudain, quelque chose m'a obligé à regarder le calendrier. En regardant, je me suis rendu compte qu'il y avait dix ans que j'étais arrivé dans mon nouveau pays. J'ai sorti mon stylo et une feuille de papier et laissé mes pensées s'écouler brièvement, capturant ainsi ma première décennie aux États-Unis. Plus tard dans la journée, j'ai posté ce qui suit sur Facebook :

10 Ans: Lettre d'un immigrant africain (ce qui deviendra le titre provisoire de mon livre)

(24 Mars 2004 – 24 Mars 2014)

Il y a dix ans, le 24 mars, j'ai atterri aux États-Unis d'Amérique pour commencer une nouvelle vie.

Je n'avais rien de substantiel. Je ne connaissais pas beaucoup de monde. Je ne savais pas par où ni comment commencer. Et je ne pouvais même pas épeler mon propre nom en anglais.

Je n'avais que 165 dollars en espèces, trois jeans, quatre t-shirts et trois paires de chaussures. J'étais plein d'espoir, j'avais de grands rêves et une foi inébranlable que je réussirais dans ce pays. Ma confiance dans les promesses de l'Amérique n'aurait pas pu être plus grande.

J'étais armé de foi et de détermination pour faire quelque chose de moi-même. Je ne pouvais pas me soucier moins de toutes les résistances qui se dressaient contre moi. Et il y en avait beaucoup: langue, éducation, culture, connaître les bonnes personnes, avoir les bons contacts, etc. Ma devise était: «Je ferai ce que je dois faire pour pouvoir faire ce que je veux faire.»

Tout avait l'air si différent, si grand et tellement meilleur comparé à mon Togo natal. J'étais dépassé. C'était un grand sentiment, mais en même temps c'était paralysant. Je ne savais pas par où commencer!

Dix ans plus tard, je suis reconnaissant pour ma vie, mon parcours et l'opportunité d'appeler cet endroit mon pays.

Cependant, je mentirais si je vous disais que cela a été facile d'arriver là où je suis aujourd'hui. Je mentirais si je disais que venir en Amérique en tant qu'étudiant était facile. Je mentirais si je disais que passer par le processus d'immigration était amusant. Je mentirais si je disais que travailler en même temps avec deux ou trois emplois au salaire minimum est amusant. Je mentirais si je disais que travailler six ou sept jours par semaine pendant plusieurs années était agréable. Je mentirais si je disais qu'être chauffeur de taxi, préposé aux toilettes de boîte de nuit, concierge, ou portier était toujours satisfaisant. Je mentirais si je disais qu'apprendre une nouvelle langue (A, B, C et 1, 2, 3) en tant qu'adulte et ensuite poursuivre des études universitaires est une tâche facile. Je mentirais si je vous disais que travailler durant la Thanksgiving, ou à Noël et pendant toutes les autres vacances était agréable.

En bref, je mentirais si je disais que je n'ai pas dû travailler très dur et consenti à bien des sacrifices. Mais vu savez quoi? Je m'en foutais. J'étais juste heureux d'avoir ces emplois et je m'évertuais à aller de l'avant. J'ai gardé mes yeux sur mes aspirations et cela a porté ses fruits.

Alors, laissez-moi vous raconter ce que j'ai appris et surtout ce que je suis devenu au cours de ce parcours incroyable de dix années. Le travail acharné, les opportunités, la persévérance et l'espoir d'un avenir meilleur sont encore vivants dans ce pays. Si vous savez ce que vous voulez vraiment et que vous êtes déterminé à l'obtenir, tout est possible ici.

J'ai appris à être patient, humble et reconnaissant pour tout, peu importe la situation. J'ai appris que je pouvais réaliser tous les rêves que je pouvais concevoir dans mon esprit et croire dans mon cœur. J'ai appris que cheminer avec des gens qui ne comptent mener leur vie nulle part était un moyen sûr de bloquer la mienne.

J'ai appris que les objectifs sont les prières les plus puissantes que je puisse adresser à Dieu. J'ai appris que je n'étais pas ce que je pensais être, mais plutôt ce que j'avais constamment en esprit. J'ai appris que je devais définir et créer mon propre bonheur. J'ai appris que, parfois, je ne savais peut-être pas comment les choses se passaient, mais que ce n'était pas à moi de résoudre tout cela. Et que tout ce dont j'avais besoin c'était de continuer à croire en Dieu!

Et finalement, j'ai appris que je suis en train de devenir ce à quoi je pense toute la journée.

Sinon, comment puis-je expliquer où j'en suis aujourd'hui? Par exemple, montrez-moi un immigrant de première génération en France, en Allemagne, en Angleterre, en Chine, en Russie ou ailleurs, qui a servi comme officier militaire moins de dix ans après avoir immigré dans ce pays. Je ne suis pas sûr à 100% qu'il n'en existe pas, mais ils doivent être rares. Ici aux États-Unis, beaucoup d'entre nous ont réalisé ce rêve. Je pourrais continuer avec de nombreux exemples, mais ce n'est pas nécessaire.

L'Amérique m'a donné les mêmes droits, la même protection et les mêmes privilèges que ceux accordés à ceux qui sont nés ici. Et l'Amérique m'a donné l'occasion d'être ce que j'ai toujours voulu être. Ce pays m'a permis d'acquérir une formation universitaire supérieure par le biais de l'armée. J'ai également été gratifié d'un endroit magnifique que j'appelle pays, une famille aimante, une carrière prometteuse, la maison de mes rêves, toutes les choses matérielles auxquelles je peux penser et la capacité de devenir une personne meilleure pour pouvoir me rendre utile au prochain. Surtout, ce pays m'a donné la chance de réaliser chaque désir de mon cœur.

Mon parcours du 24 mars 2004 à aujourd'hui m'a convaincu plus que jamais que je m'oriente dans la bonne direction. Je suis confiant que ma vie ira de mieux en mieux si je garde le cap et ne renonce jamais à mes rêves. Je ne suis pas un diseur de bonne aventure, ni Dieu. Je ne sais pas ce que l'avenir tient en réserve, mais je suis convaincu que la situation ne peut que s'améliorer. Je suis sur le chemin de mon destin. Puisque rien dans ce monde n'est parfait, ma vie en Amérique est toujours une œuvre en cours de création. C'est un voyage continu d'épreuves, de tribulations, de revers, de retards, d'échecs et de dénis.

Cependant, il y a aussi de nombreux moments de triomphe joyeux, de succès face aux défaites et aux épreuves, et des souvenirs heureux qui dureront toute une vie.

Mon histoire n'est pas différente de celle de nombres d'immigrants ayant emprunté le même chemin à la recherche d'une vie meilleure en Amérique. Cependant, je souhaite partager mon expérience afin d'encourager ceux qui pourraient avoir du mal à suivre une nouvelle vie, qu'ils aient déménagé dans un nouveau pays ou qu'ils subissent des changements dans leur propre pays.

Je ne suis pas arrivé où je suis du jour au lendemain. Cela a pris du temps, du courage, des échecs et de la persévérance. Il y a dix ans, je suis arrivé ici avec seulement de l'espoir, de la foi, de la détermination, quelques dollars en poche et une foi inébranlable dans les promesses de ce pays. J'étais au même endroit que tant d'autres aujourd'hui.

Quand je repense à ces épreuves, je remercie Dieu pour chacune d'elles. Voilà pourquoi, vous ne devez laisser personne vous dire que vous êtes juste un immigrant, que vous n'êtes pas assez bon ou que vous ne pouvez pas y parvenir à vos objectifs à cause de votre accent, ou d'où vous êtes nés. Gardez votre rêve en vie et allez-y ! Ces leçons que j'ai apprises peuvent être appliquées n'importe où sur cette planète, mais je les ai apprises dans ce lieu magique appelé les États-Unis d'Amérique.

Cordialement,
Komi

CHAPITRE 1
Ce que je crois

Croyez que ce que vous croyez peut se réaliser. Lorsque vous croyez que quelque chose peut être accompli, vraiment, votre esprit trouvera les moyens de le faire se produire. Croire à une solution ouvre la voie à la solution. —David J. Schwartz

Existe-t-il une force - un Dieu, une essence ou une puissance sans nom - capable d'apporter dans votre vie tout ce que vous désirez vraiment ? Ou la vie est-elle simplement le résultat d'événements aléatoires ?

Personnellement, je crois qu'il existe un Dieu, quelle qu'en soit la façon dont vous pouvez l'appeler : une puissance supérieure, l'Univers ou tout autre nom que vous préférez.

Je suis né avec un grand esprit de curiosité. Durant ma jeunesse, j'ai été aux prises avec de grandes questions relatives à la condition humaine sur terre, questions avec lesquelles je me suis longtemps débattu, notamment : la vie, la mort, la joie, la santé, la raison d'être, la gloire, le succès et l'échec. Je me demandais : pourquoi certaines personnes réussissent-elles alors que d'autres échouent ? Pourquoi certains sont-ils constamment malades, pourtant d'autres bénéficient d'une vie saine ? Comment deux personnes nées de mêmes parents peuvent-elles suivre des itinéraires si différents dans la vie ? Pourquoi certains sont considérés comme très chanceux alors que d'autres semblent si malchanceux ?

Ces questions me tourmentaient et j'étais tellement obsédé d'en découvrir les réponses que je fus attiré par tout ce qui était de nature métaphysique et qui aurait pu m'en fournir quelque éclairage. Très tôt, j'entrepris la lecture de livres sur le monde spirituel: le vaudou, la magie, la métaphysique, la réligion et tout ce que je pensais capable de me fournir une explication compréhensible.

Certains de ces livres étaient étranges, je trouvais que certains avaient du sens mais d'autres pas. Cependant, j'avais remarqué un dénominateur commun qui tenait tous ces livres ensemble. Qu'ils soient à propos de l'hindouisme, de l'islam, du christianisme, du vaudou, de la métaphysique ou de la magie, ils mettaient tous l'accent sur les croyances en tant que clefs pouvant apporter à leurs adeptes ce qu'ils désirent dans leur vie.

Il existe une notion populaire selon laquelle notre destin est déjà prédéterminé et que rien ne peut être fait à ce sujet, mais je crois fermement que nous pouvons influer sur notre destinée. Si vous réalisez qui vous êtes et les atouts dont vous disposez, vous pourrez avoir un contrôle sur la façon dont votre vie se déroule.

Permettez-moi de vous poser la question suivante: si vous achetez un nouveau gadget ou un nouvel appareil et que vous le ramenez à la maison sans aucun mode d'emploi, pourrez-vous l'utiliser efficacement ? Bien sûr que non ! Vous pourriez en faire une utilisation très élémentaire, mais sans le manuel d'instruction, vous aurez très peu de succès.

Malheureusement, nous, les humains, ne venons pas au monde avec des manuels d'instructions. Tout ce que nous avons besoin de savoir doit nous être enseigné. En tant qu'adultes, il nous appartient de chercher à comprendre les choses de nous-mêmes au fur et à mesure que nous avançons dans la vie. Ce qui ne nous aide pas à aller très loin. À moins que nous apprenions sérieusement les règles du succès, nous vivons souvent une vie de désespoir tranquille.

Nous sommes nés dans un univers régi par plusieurs ensembles de règles, et ignorer ces principes ne vous dispense pas de subir les conséquences de leur violation. D'autre part, les connaître et les mettre en application fera une grande différence pour votre avenir.

Selon Genevieve-Gold Flight, il existe douze lois de l'univers:

La loi de l'unité divine: tout est connecté à tout le reste. Chaque pensée, parole, action ou croyance affecte les autres et l'univers qui nous entoure, que les personnes soient proches ou éloignées, autrement dit, au-delà du temps et de l'espace.

La loi de la vibration: Tout dans l'univers vibre, bouge et se déplace de manière circulaire. Le même principe de vibration dans le monde physique s'applique à nos sentiments, nos désirs, nos pensées, nos rêves et notre volonté. Chaque son, pensée ou chose a sa propre fréquence vibratoire.

La loi de la transmutation perpétuelle de l'énergie: nous avons en nous, le pouvoir d'altérer toutes conditions de notre vie qui ne nous satisfait pas. Les vibrations à haute énergie vont certainement consommer et transformer les vibrations à basse énergie. Par conséquent, nous pouvons changer les énergies dans nos vies en comprenant les lois universelles et en comprenant comment ces lois universelles fonctionnent tout en les mettant en application. Nous pouvons alors produire un changement positif dans nos vies.

La loi de polarité: tout est dans un continuum et tout a un

contraire. Il doit y avoir des ténèbres pour que nous puissions apprécier la lumière. Il y a du solide et du liquide, et on peut voir et sentir la différence. Nous avons la capacité de supprimer et de transformer les pensées indésirables en nous concentrant sur les pensées opposées, entraînant ainsi les changements positifs souhaités. Cela pourrait aussi être assimilé à la loi de la vibration mentale.

La loi du rythme: Tout vibre et se déplace à un certain rythme. Ce rythme établit les cycles, les saisons, les modèles et les stades de développement. Chaque cycle est un reflet de la régularité de l'univers de Dieu. Pour maîtriser chaque rythme, vous devez vous élever au-dessus de toute partie négative du cycle.

La loi du genre: Tout a ses principes masculins (yang) et féminins (yin), et ceux-ci constituent la base de toute création. En tant qu'êtres spirituels, nous devons nous assurer qu'il existe un équilibre entre les énergies masculines et féminines en nous afin de devenir de vrais co-créateurs avec Dieu.

La loi de l'action: Nous devons entreprendre des actions qui soutiennent nos paroles, et qui sont en accord avec nos sentiments, nos visions, nos pensées, nos rêves et nos émotions. Ces actions produiront divers résultats dépendamment de nos paroles, pensées, rêves et émotions spécifiquement choisis.

La loi de la correspondance: nous sommes au volant de notre propre vie. Notre monde extérieur est un reflet direct de notre monde intérieur; par conséquent, nous devons assumer la responsabilité de notre propre vie.

La loi de l'attraction: Nous créons les événements, les personnes et les choses qui entrent dans notre vie. Toutes nos pensées, paroles, sentiments et actions dégagent des énergies qui attirent des énergies similaires. Les énergies positives attireront **toujours les énergies positives, tandis que** les énergies négatives attireront toujours les énergies négatives. Peu importe que vous souhaitiez le négatif ou non. C'est ce sur quoi vous vous concentrez que vous attirez dans votre vie.

La loi de la compensation : Les différentes formes de compensation que nous recevons dans la vie sont les effets visibles de nos actions directes et indirectes menées tout au long de notre vie.

La loi de la relativité : nous rencontrerons tous une série de situations ou de problèmes conçus pour renforcer la «lumière intérieure» en nous. Cette loi nous apprend également à comparer nos situations aux problèmes des autres et à remettre toute chose dans sa perspective adéquate. Peu importe à quel point nous percevons nos situations, il y a toujours quelqu'un qui se trouve dans une situation plus difficile ou pire. Tout est relatif.

La loi de cause à effet : Rien ne se produit par hasard ou en dehors des lois universelles. Cela signifie que nous devons assumer la responsabilité de tout ce qui se passe dans notre vie. Chaque action a une réaction ou conséquence égale et nous récoltons ce que nous semons. Vous ne pouvez pas planter un hibiscus et vous attendre à voir pousser une rose. En d'autres termes, chaque pensée, action et parole est pleine d'énergie.

La plus puissante de toutes ces lois, de mon point de vue personnel, est la loi de cause à effet. Votre croyance et vos actions sont les causes, et les détails de votre vie sont les effets. C'est aussi simple que ça. Plus vite vous comprendrez cette loi, mieux vous serez pour le reste de votre vie. Travaillez avec elle, et vous serez surpris par les résultats.

Ce livre n'adhère à aucune religion spécifique. Que vous soyez chrétien, musulman, athée ou disciple de centaines ou de milliers de religions, les principes et réflexions de ce livre sont destinés à vous aider à atteindre la vie que vous désirez.

Cependant, tout comme les livres mystiques et réligieux que j'ai lus quand j'étais jeune, ce livre met l'accent sur la croyance. La conviction à laquelle je fais allusion est ce sentiment profond que vous ressentez à propos de vous-même et de la vie que vous souhaitez vivre. Votre conviction à propos de vous-même est le moteur qui vous conduira partout. La croyance à laquelle je fais allusion n'a rien de mystique; Cependant, elle est inconnue de plusieurs. Cette croyance est puissante et lorsque vous découvrez cette force et que vous en faites usage comme il se doit, votre vie peut aller dans la direction que vous souhaitez.

Nous avons tous beaucoup de croyances concernant nos capacités globales, les raisons de nos succès ou de nos échecs et notre relation avec le monde extérieur. Ces croyances personnelles influencent les objectifs que nous nous sommes fixés, les tâches que nous accomplissons, les stratégies que nous utilisons et ce que nous accomplirons au final dans notre vie. J'aimerais commencer par raconter comment j'ai utilisé cette force pour faire démarrer ma vie et l'orienter dans la direction que je voulais.

Je suis né et j'ai grandi au Togo, un pays d'Afrique de l'Ouest. J'ai vécu dans une famille africaine classique: père, mère, plusieurs frères, sœurs, cousins, cousines, nièces, neveux, oncles, tantes, grands-parents, etc.

Le Togo est limitrophe du Ghana à l'ouest, à l'est par le Bénin et au nord par le Burkina Faso. Il s'étend au sud sur le golfe de Guinée, où se trouve sa capitale, Lomé. Légèrement plus petit que la Virginie de l'Ouest, le Togo couvre une superficie de 56 600 km 2, ce qui en fait l'un des plus petits pays d'Afrique avec une population d'environ 7,6 millions d'habitants.

Mon père a travaillé pour une entreprise française pendant plus de trente ans, alors que ma mère était femme au foyer. Ma mère était la deuxième femme de mon père et j'étais le treizième de ses dix-sept enfants. J'ai donc grandi dans une très grande famille avec de nombreux frères, sœurs, cousins, cousines, oncles et autres membres de la famille. Mon père s'est occupé de nous tous financièrement.

Avoir une si grande famille n'était pas quelque chose d'étrange dans la culture togolaise. Si une personne avait un emploi décent et un revenu stable, c'était sa responsabilité morale de prendre soin des autres membres moins fortunés de la famille. Dans ma famille, mon père était cette personne.

Rien dans mon enfance ne laissait présager que je serais aujourd'hui Officier de l'Armée Américaine. Mon «destin», selon les attentes de mes parents, peut-être était de suivre le chemin classique qui consiste à terminer les études, trouver un emploi, se marier et élever une famille au Togo.

En ce qui concerne la religion, j'ai été élevé en tant que protestant parce que mes parents étaient protestants. En fait, je crois que ma famille avait adhéré au christianisme au temps des missionnaires allemands travaillant au Togo au début des années 1900. Je suis allé à l'église la plupart des dimanches de mon enfance et on m'a appris à prier Dieu et à demander pardon pour mes péchés afin d'éviter d'aller en enfer. J'ai suivi ces rituels d'église sans véritablement les comprendre. Chaque fois que quelque chose ne pouvait pas être démontré, l'on nous faisait savoir que seul Dieu en détenait l'explication. Par exemple, lorsque je demandais pourquoi une de mes sœurs était constamment malade, mes parents avaient toujours une seule réplique : « seul Dieu connaît réponse. »

La plupart des enseignements de l'église étaient centrés sur la vie après la mort. Le paradis et l'enfer dominaient toutes les conversations, à l'intérieur ou à l'extérieur de l'église. Cependant, personne ne m'a jamais appris comment fonctionne la vie, ni ce que je devais faire pour progresser. Autant que je sache, prier consistait à garder Dieu heureux afin d'éviter toute punition par une maladie incurable ou la mort et une condamnation éternelle en enfer. Il n'y avait aucun enseignement pratique sur la façon de vivre sur cette terre, et personne ne m'a expliqué que je pouvais forger mon propre destin en contrôlant mes pensées et ma concentration.

Comme je l'ai mentionné plus tôt, j'étais très curieux au sujet de la vie et de la raison pour laquelle les choses se passaient comme elles se passaient. Lorsque j'ai atteint l'âge de douze ans, j'ai découvert à l'école, un livre que mon meilleur ami avait pris dans la bibliothèque de son frère: Le jeu de la vie et Comment le jouer de Florence Scovel Shinn. Il me l'a montré pendant notre pause-déjeuner et nous avons lu le résumé figurant sur la couverture du livre.

À cet âge, je ne connaissais rien du conscient et de l'inconscient, et aucun de nous deux ne pouvait complètement comprendre en quoi consistait vraiment ce livre. Cependant, une partie du résumé expliquait comment vous pouvez faire se produire quelque chose de nouveau dans votre vie si vous savez utiliser votre subconscient. J'ai conservé cette partie pendant longtemps. Même si j'avais douze ans, j'avais l'impression que la vie était bien meilleure au-delà de mon «destin» togolais. Déjà à cette époque-là, je me souviens que lorsque je voyais certains enfants avec des jouets et des jeux fantaisistes, je me demandais pourquoi eux et pas moi. Pourquoi les choses ne pourraient-elles pas être meilleures pour moi aussi ?

Ainsi, le titre de ce livre, Le jeu de la vie et comment le jouer, m'a intrigué; et je voulais en savoir plus. Mais comme je n'avais pas eu le temps de lire le livre et d'essayer de le comprendre davantage, j'opérais avec très peu d'informations. Mon ami a dû rendre le livre le même jour parce que son frère lui avait interdit de toucher à ce livre ou selon lui, il n'était pas destiné aux enfants.

J'aimerais pouvoir comprendre pourquoi je suis entré en contact avec ce livre si longtemps avant de pouvoir le lire et en tirer profit. Néanmoins, la brève rencontre et le peu de compréhension que j'ai pu tirer du résumé m'ont accidentellement mis sur le chemin de ma vie. Je n'ai jamais cessé de croire que j'étais destiné à quelque chose de plus grand, que j'étais ici sur cette terre dans un but précis et que c'était à moi de le découvrir.

Aujourd'hui, je crois avoir trouvé la raison d'être de mon existence, qui est de devenir quelqu'un, faire quelque chose de ma vie et aider les autres à faire de même.

Au fil des années, cette petite voix en moi n'a fait que grandir. Elle n'arrêtait pas de me dire de continuer à chercher cette vie meilleure et de ne pas m'arrêter avant de l'avoir découverte. Parfois, je me suis complètement perdu parce que je copiais les gens autour de moi et essayais d'être comme tout le monde. Cependant, cette petite voix m'a toujours ramené sur les rails.

Si vous lisez ce livre, je suis sûr que vous savez que vous et moi avons ceci en commun. Au fond de vous-même, vous savez que vous êtes destiné à une vie hors du commun, mais le bruit et les distractions des autres vous déconcentrent souvent.

Permettez-moi de vous encourager à ne pas zapper votre voix intérieure. Bien au contraire, relevez-vous. Réorientez-vous sur votre chemin. Ma conviction m'a amené à partager mon histoire avec vous aujourd'hui et ma question est de savoir où vos croyances vous mèneront-elles. Il y a quelque chose d'unique et de spécial programmé à l'intérieur de vous, et vous seul pouvez le manifester dans ce monde. Allez-vous le laisser mourir ?

Quand je regarde ma vie en arrière et que je vois ce que sont devenus certains de mes amis d'enfance, je suis très humble, reconnaissant et étonné du chemin parcouru jusqu'à ce jour. Pourquoi nos vies ont-elles emprunté des chemins si différents ? Je ne peux pas répondre à cette question avec une certitude absolue, mais je soupçonne que la différence réside dans ce que nous croyons être. Je vous encourage donc à analyser vos propres croyances et à voir où elles se situent. Ce sentiment fondamental concernant vous-même et vos capacités est ce qui vous sépare du reste de la race humaine. Oui, c'est vrai que Dieu « a un plan » pour nous tous, mais Dieu nous a également donner cette permission de croire en nous même, en nos capacités de créer une vie digne et réussite puisque nous sommes « créés à son image » donc par extension, nous sommes aussi des « créateurs de nos propres conditions de vie ».

Ce désir d'une vie meilleure ne m'a jamais quitté et il m'a énormément aidé tout au long de mon parcours. En fin de compte, votre perception de vous-même est le meilleur indicateur de votre avenir. Avez-vous pensé à la façon dont vous vous voyez ? Que pensez-vous de vos propres capacités ? Faites cette évaluation personnelle aujourd'hui. Ce pourrait être le début d'une transformation totale.

CHAPITRE 2
L'obtention de mon Visa Américain

Personne ne manigance pour entrer en Pologne. Personne ne se dit :"et si j'allais en Chine ..." Tout le monde veut venir ici ! Pourquoi ? Parce que c'est là que tout ce dont vous avez besoin pour réussir se trouve: les livres, les bibliothèques, les opportunités et, plus important encore, la liberté de devenir la personne que vous rêvez d'être !
—Jim Rohn

Le rêve américain vous fait savoir que, grâce au travail acharné et à la détermination, vous pouvez réussir. Il prend ses racines dans la déclaration d'indépendance: «tous les hommes sont créés égaux» avec le droit à «la vie, la liberté et la recherche du bonheur». Le rêve vous parle de ce qu'en Amérique, les gens de toute classe, religion ou race peuvent «réussir» sans les obstacles à la mobilité sociale ascendante. C'est pourquoi tant de gens sont venus en Amérique et continuent de le faire, dans l'espoir d'une vie meilleure, de conditions de jeu égales et de la possibilité de tout recommencer.
—Emma Murphy

Décider de quitter son pays natal n'est pas toujours chose facile. Nous avons tous un attachement particulier à nos lieux de naissance, aux foyers dans lesquels nous avons grandi, aux personnes, à la culture et aux lieux auxquels nous sommes habitués. Mais il peut y avoir un certain nombre de motivations à partir à l'étranger: politique, économique, sociale ou religieuse, pour ne citer que quelques-unes. J'ai quitté mon pays d'origine simplement parce que je voulais une meilleure éducation, de meilleures opportunités dans la vie et une chance plus grande de devenir ce que je savais que je pouvais être.

Lorsque je prends le temps de penser à mon enfance, je ne vois pas comment j'aurais pu m'accomplir dans mon pays d'origine, le Togo. Le système politique n'était pas démocratique et tout était conditionné par «qui vous connaissez.» Par exemple, obtenir un emploi décent après des études nécessitait une «connexion» au sein de l'administration ou de la société pour laquelle vous vouliez travailler. L'étoffe des systèmes politique, économique et social était enchevêtré. Presque tout était donnant – donnant.

Je venais d'une famille très modeste et je savais que je n'allais pas réaliser grand-chose dans un tel contexte. Il aurait été très facile d'abandonner et me résigner à une vie de médiocrité. Comment ai-je réussi à sortir de là pour me rendre où j'en suis aujourd'hui, reste un mystère pour moi. Nous ne pouvons pas toujours comprendre comment les choses se passent et c'est pourquoi la foi - en vous-même et en toute entité supérieure en laquelle vous croyez - est cruciale.

Un Visa pour les États-Unis

Pour quelqu'un du Togo, le visa des États-Unis d'Amérique équivaut à un billet pour « le paradis » à l'image des chrétiens qui cherchent la vie après la mort. Si vous ne me croyez pas, vous pouvez effectuer votre propre enquête la prochaine fois où vous rencontrerez un immigrant Togolais. Posez-lui simplement cette question: à quel point le processus a-t-il été difficile pour lui de se rendre aux États-Unis.

Laissez-moi vous donner une perspective. Obtenir un visa pour se rendre dans la plupart des pays européens exigeait d'être riche ou d'avoir des «relations» qui pourraient vous aider à le faire. C'était un secret de Polichinelle que la plupart des visas européens étaient «à vendre» aux plus offrant. Cependant, pour obtenir un visa américain, les relations et la corruption n'allaient pas aider. Ce visa ne pouvait être obtenu que par des moyens légaux. L'ambassade des États-Unis a donné à des personnes comme moi l'espoir que l'on pourrait m'accorder une chance une fois que je satisfaisais aux exigences. Tout ce que j'avais à faire était de suivre le processus étape par étape.

Au Togo, chaque fois que nous entendions dire que quelqu'un se rendait en Amérique, notre sentiment était que cette personne était «sauvée» du manque d'opportunités, d'un avenir sombre et des options limitées qui caractérisaient la vie au Togo. Je n'ai aucune mauvaise foi vis-à-vis de mon pays d'origine, mais c'est dans de telles conditions que nous avons grandi là-bas.

D'autre part, le nom «Amérique» a une résonance si puissante dans le monde entier, pour le meilleur ou pour le pire, et mon Togo natal n'a pas été à l'abri de son influence. Grâce aux films hollywoodiens et aux témoignages de personnes ayant visité et vécu aux États-Unis, l'Amérique était et est toujours considérée comme le « paradis sur terre » - un endroit où tout est possible.

Hollywood a si bien présenté les États-Unis aux étrangers. Venir ici peut être assimilé à obtenir un chèque en blanc dans la vie. Tout ce que vous devez faire était d'écrire n'importe quel montant de votre choix et l'emmener à la banque pour être payer. Des films de production américaine tels que Forrest Gump et d'innombrables chansons pop de centaines artistes ont brossé un tableau véritablement optimiste de la société américaine. La seule différence étant que, contrairement à un film, il faut plus de 90 minutes pour concrétiser sa réussite en Amérique.

J'ai d'abord entendu parler de ce grand pays au collège pendant mon cours d'histoire et géographie. Une partie du programme de la classe de troisième couvrait l'étude de tous les continents. Nous avons appris sur tous les autres continents et pays qui ont été enseigné, mais l'Amérique a été le seul pays que j'ai personnellement retenu et mémorisé – cela étant dû en particulier à l'accent que notre professeur avait mis sur les États-Unis.

Notre professeur était amoureux de ce pays. Même s'il ne l'avait jamais visité, il avait tout lu au sujet de l'Amérique. Et il a su communiquer sa passion à ses élèves. Cet enseignant a parlé de cette terre comme de la « terre promise », en soulignant les grandes réalisations des gens de cette partie du monde ont accomplis.

Lorsqu'il qu'il nous enseignait les deux guerres mondiales, il a affirmé que sans l'engagement des États-Unis dans la guerre, le monde tel que nous le connaissons n'existerait peut-être pas. Il a mentionné que les États-Unis avaient contribué à sauver l'Europe lors des deux guerres, avant de contribuer à la reconstruction du continent européen.

Il aimait qualifier l'Amérique de «melting-pot» - le lieu où de multiples cultures du monde entier vivaient en harmonie. Il nous a expliqué comment n'importe qui, de n'importe où dans le monde, pouvait arriver sur dans ce pays sans un sou mais gagner une fortune et transformer sa vie pour le mieux. En bref, mon professeur avait éveillé en moi l'obsession de me rendre dans ce pays.

À partir de la classe de troisième, je me suis déterminé à faire l'expérience de ce lieu «magique». Étant donné que nous parlions tous le français, la plupart de mes camarades de classe rêvaient d'aller en France, où des emplois étaient disponibles. Il était plus possible d'y gagner des revenus plus élevés - même dans les emplois de premier échelon - qu'au Togo.

Cependant, quand j'ai appris à connaître les États-Unis d'Amérique, j'ai presque oublié la France. Je ne parlais plus que du fait que j'allais voir cette «terre promise». Chaque fois que mes amis me demandaient comment j'allais réaliser ce rêve, sachant à quel point il était difficile de quitter le Togo, je leur répondais que je trouverais bien un moyen. À l'époque, je ne savais pas comment cela se produirait.

Mais au cours de ma première année d'université, juste un an après avoir terminé mes études du lycée, j'ai demandé un visa-étudiant.

Je ne peux pas décrire l'enthousiasme qui m'animait dans la perspective de ma première entrevue. Tout ce à quoi je pouvais penser - tout ce dont j'avais rêvé - était l'Amérique. C'était là ma chance d'aller étudier, puis travailler et d'atteindre mes objectifs.

À cette époque, je ne connaissais que quatre manières d'obtenir un visa américain: le visa de la diversité via une loterie, le visa d'affaires, le visa de tourisme et le visa d'étudiant.

Le programme Diversity Immigrant Visa Program (DV) est un programme gouvernemental américain administré par le Département d'État. Il est conçu pour rendre 50 000 visas d'immigrant disponibles chaque année aux personnes originaires de pays à faible taux d'immigration aux États-Unis. Le Togo faisant partie de ce programme, la participation des Togolais était simple : le candidat devait simplement remplir une page d'informations avec une photo d'identité fournie. Environ dix mois plus tard, un tirage au sort déterminerait quels candidats seraient sélectionnés. La chance devait évidemment être un facteur important dans ce cas, mais je n'ai particulièrement pas eu de chance avec cette option. J'ai inscrit mon nom chaque année depuis 1998, mais je n'ai jamais été sélectionné.

Les affaires et le tourisme, comme vous pouvez le deviner par leurs dénominations, étaient destinés aux hommes d'affaires et aux touristes. Ainsi, le seul visa pour lequel je pouvais postuler était le visa-étudiant. J'en ai fait la demande. L'étape suivante étant l'interview officielle à l'ambassade des États-Unis.

Ma Première interview à l'ambassade des Etats-Unis

J'étais trop excité pour m'endormir la nuit précédant ma première entrevue, le 31 décembre 2001. À trois heures du matin, j'étais prêt. J'ai quitté la maison et pris place devant les bureaux de l'ambassade des États-Unis avant cinq heures. Même si l'ambassade n'ouvre pas avant sept heures du matin, au moment de mon arrivée, la file d'attente était déjà très longue. Je ne peux pas vous dire combien de personnes était dans l'attente ce jour-là, mais cette queue m'a rappelé les clients Apple en attente d'une nouvelle version de gadget électronique.

L'excitation a vite viré à une épreuve de nerfs lorsque les portes de l'ambassade se sont ouvertes et que la file a commencé à bouger. Lorsqu'à mon tour j'ai franchi les portes, la climatisation m'a fait froid dans le dos. J'avais mis tous mes espoirs dans l'obtention de ce visa. Je voulais quitter un pays où le succès dépend de votre nom de famille, de ceux que vous connaissez et de ceux qui vous connaissaient.

Je ne pouvais pas concevoir mon avenir au Togo et je ne savais pas ce que je ferais si l'entretien se déroulait mal. Ce n'est pas mon intention de généraliser mon expérience personnelle – certes, tous les citoyens togolais ne ressentent pas ce que je ressentais. Mais, la plupart des gens de ma génération et de la génération précédente étaient très motivés à quitter le Togo. Nous voulions forger un nouvel avenir ailleurs. Plus j'y pensais, plus j'étais inquiet. Soudain, les réponses aux questions élémentaires m'échappaient.

Tout le monde est angoissé lors de la préparation d'un entretien d'embauche, d'une première rencontre ou de toute situation où quelques minutes en tête-à-tête détermineront une partie importante de votre avenir. Je suis sûr que vous pouvez vous rappeler un moment où vous vous êtes senti comme si tout était suspendu dans la balance d'un seul instant. Si vous multipliez ce sentiment par cent, vous pouvez peut-être imaginer ce que je ressentais ce jour-là.

Si vous êtes né aux États-Unis d'Amérique, vous ne pourrez probablement jamais vraiment comprendre le niveau d'inquiétude que suscite l'entretien pour obtenir un visa américain. À neuf heures, mon entretien était terminé et j'avais reçu une nouvelle dévastatrice: le visa me fut refusé.

Tant de sentiments se sont abattus sur moi. J'ai senti comme si j'avais perdu mon âme, que ma vie s'était arrêtée et qu'il n'y avait plus rien à faire à part attendre que la mort me prenne.

En fonction de la façon dont vous avez grandi, cet échec peut sembler insignifiant, mais ce visa était pour moi une garantie d'une vie meilleure. Lorsque j'ai quitté l'ambassade après mon entretien, je suis allé dormir chez un ami. C'était le réveillon du Nouvel An et je n'avais aucune envie de sortir et de célébrer. Au lieu de cela, j'ai traversé les étapes allant de la déception à la tristesse et à de plus en plus de tristesse. J'étais complètement perdu. Je ne savais pas quoi faire et il m'a fallu quatre mois pour surmonter cette défaite.

Plus tard, j'ai rassemblé toutes mes pensées afin d'examiner la raison pour laquelle le fonctionnaire consulaire m'avait refusé le visa ce jour-là. L'interview en elle-même n'était pas un échange difficile. C'était basé juste sur des questions élémentaires concernant qui vous êtes, votre formation et votre plan d'études. De l'autre côté, l'agent consulaire a déterminé l'admissibilité d'un candidat sur la base de critères que je ne connaissais pas. Mon destin était entre les mains de la personne qui m'a interrogé.

C'est amusant de voir comment on choisit de n'entendre que ce qu'on veut entendre dans une situation donnée. Nous faisons la sourde oreille à propos de tout le reste, même si c'est pour notre bien. Je me suis déconnecté après cet entretien et je n'ai jamais compris pourquoi mes premières tentatives ont été refusées au-delà de l'explication générique voulant que je ne remplisse pas les conditions requises. Il aurait pu y avoir une raison spécifique ou aucune raison du tout.

J'ai fermement décidé de faire une nouvelle demande, car je savais au fond de moi que mon destin était de devenir citoyen des États-Unis d'Amérique.

J'ai demandé le même visa quatre années de suite, de 2001 à 2004. Enfin, le 12 mars 2004, j'ai obtenu le visa pour étudier en Amérique.

Tony Robbins a déclaré: «J'en suis venu à croire que tous mes échecs et mes frustrations passés étaient en train de jeter les bases de la compréhension qui a créé le nouveau niveau de vie que j'expérimente maintenant.»

Je pense que si vous voulez vraiment quelque chose - qu'il s'agisse d'un domaine d'étude spécifique, d'un visa ou de toute autre chose - et que vous êtes rejeté, vous devriez continuer à essayer jusqu'à ce que vous gagniez votre place. En passant par ce processus pendant quatre ans, j'étais résolu à continuer d'essayer. Ce fut ma première grande victoire dans l'application du principe de la persévérance.

CHAPITRE 3
Mon premier Jour Aux Etats-Unis d'Amérique

J'ai quitté le Togo le mardi 23 mars 2004 vers 22 heures locales. Je suis arrivé aux États-Unis le mercredi 24 mars 2004, vers 15 heures, à l'aéroport international de Cincinnati / Northern Kentucky. Je me suis présenté à l'agent d'immigration pour les formalités d'entrée. Il a soigneusement examiné mon passeport et les documents joints. Après m'avoir posé quelques questions, il m'a demandé de me mettre de côté. Des minutes passèrent. Puis une femme officier s'approcha et me demanda de la suivre dans une petite pièce non loin dans le couloir.

Les trois prochaines heures allaient devenir inoubliables. Mes bagages ont été fouillés, puis j'ai été interrogé, tapoté et menotté. Voici un compte-rendu plus détaillé de mon premier jour dans mon Amérique bien-aimée, comme je l'ai écrit dans mon journal intime plus tard.

Date: le 24 mars 2004
Heure: 15h45, heure de l'Est
Lieu: Aéroport international de Cincinnati / Northern Kentucky
Personnes concernées: Komi M. Afetse contre le Département américain des Douanes et de l'application des lois sur l'immigration.

À la suite d'un interrogatoire intense de trois heures (au cours duquel j'ai répondu «oui» à presque tout ce que l'agent d'immigration me demandait, du fait de ma compréhension limitée de l'anglais), suite à quoi j'ai été placé dans une cellule de détention à l'aéroport par les autorités de l'immigration et des douanes. Mon crime : j'étais arrivé en retard à mon université (après la rentrée des classes) et je n'avais pas tenu informé les autorités académiques de mon arrivée tardive.

La raison de mon retard était bien simple : à la délivrance de mon visa, il n'y avait plus de vol disponible qui me permettrait d'arriver à l'heure pour la rentrée académique. Mon visa a été délivré le 12 mars 2004 et les cours devaient commencer le 15 mars. Mais le vol le plus tôt possible était pour le 23 mars. J'ai réservé ce vol dans l'intention de me rendre à l'université aussitôt que je le pourrais. J'aurais dû contacter l'université pour les en informer.

L'agent d'immigration a dû appeler l'université, qui lui a rétorqué qu'ils ne m'attendaient plus. Il arrivait que des étudiants internationaux atterrissent en retard et entament leurs cours dès le prochain semestre. Mais l'arrivée tardive nécessitait une documentation appropriée. Ils avaient pris mon absence le premier jour de classe comme un signe que je ne me présenterais pas du tout.

Avec du recul, il s'agissait clairement d'un simple protocole à suivre. Malheureusement pour moi, cela signifiait que je ne pouvais entrer sur le sol américain. J'étais énervé, et déçu. Mais je me suis rappelé que cela ne faisait que trois ans depuis le 11 septembre 2001 ; et ces terroristes étaient des étudiants ici en Amérique aussi.

Huit heures après mon arrivée en Amérique, j'étais toujours assis dans cette toute petite pièce de l'aéroport, attendant que quelqu'un décide de mon sort. Tout ce à quoi je pensais, c'était : "pourquoi cela m'arrive à moi ? Je te l'ai dit, n'est-ce pas ?"

Depuis le moment où je suis descendu de l'avion à Cincinnati, ma vie dans mon nouveau pays a tourné en une véritable randonnée a été une dans des montagnes russes.

Détails de l'incarcération

J'ai passé ma première nuit aux États-Unis d'Amérique par terre dans une prison de comté à Cincinnati, dans l'Ohio. La première photo prise de moi aux États-Unis était une photo d'identité prise en prison. En fait, si vous recherchez mon nom dans Google, je crois que vous pouvez toujours voir cette image en ligne. J'étais dévasté. Mais au milieu de toute cette agitation, j'ai juste fait attention à la petite voix toujours présente en moi qui me disait de ne pas perdre espoir, parce que tout irait bien.

Ce qui est formidable avec ce pays que j'aime tellement et que je sers avec fierté, c'est que les lois sont là pour protéger ses habitants. Bien que cela m'ait pris des années pour comprendre, je sais maintenant que mon incarcération malheureuse n'était pas personnelle. L'officier qui m'a arrêté faisait son travail.

Pendant près de quatre mois après mon arrivée, j'étais en détention préventive à l'immigration. Pendant ce temps, il m'est arrivé deux choses. Premièrement, je suis devenu plus déterminé à faire quelque chose de ma vie. Deuxièmement, j'ai pu constater de visu ce qui se passe lorsque quelqu'un était détenu par l'immigration.

L'Amérique est un véritable pôle d'attraction pour les peuples du monde entier. Seules les personnes nées à l'étranger et qui auraient enfreint les lois sur l'immigration pendant leur séjour ou leur venue aux États-Unis sont exclusivement concernées par une éventuelle détention aux services d'immigration. Ces violations vont de visas en attente de séjour à des arrivées illégales. Les violations peuvent également constituer des problèmes mineurs aux points de contrôle de l'immigration pour les résidents permanents qui ont perdu leur statut en raison d'un crime ou d'un crime présumé.

Durant mon incarcération, j'ai rencontré de nombreuses personnes venues des quatre coins du monde entier: Afrique,

Amérique du Sud, Asie, Europe, Moyen-Orient, etc. Certains se battaient pour éviter l'expulsion, d'autres attendaient d'être libérés et d'autres comptaient les jours en attendant de comparaître devant des juges de l'immigration pour plaider leur cause.

Pendant quatre mois, j'ai vécu dans un environnement sécurisé où je devais me lever à une certaine heure pour répondre à l'appel. Je prenais le petit déjeuner, le déjeuner et le dîner à l'heure où le pénitencier les servait. Aller me promener dans la cour était un privilège que je devais gagner et je ne pouvais pas choisir la chaîne de télévision que je voulais regarder. Si vous n'avez jamais visionné de documentaire sur la prison, je vous en recommande un intitulé Lockup. Vous y trouverez exactement comment j'ai vécu pendant presque 120 jours.

Certaines des codétenus que j'ai rencontré et à qui j'ai parlé pendant ma détention étaient très optimistes. D'autres étaient simplement confus, et d'autres encore avaient perdu tout espoir de réussir en Amérique. J'ai trouvé que nos humeurs étaient contagieuses. Je pouvais rapidement passer de serein à déprimé ou confus en fonction des personnes avec qui je passais du temps. J'ai donc rapidement appris à qui parler et qui éviter.

La journée typique au cours de mon incarcération commençait avec l'appel à 5h30, suivi d'un petit-déjeuner de 6h00 à 7h30. De 8h00 à 10h30 c'était mon temps personnel pour lire un livre que j'avais emprunté à un gars du nom de Patrick ou aller à un groupe de prière du matin que quatre autres détenus et moi avions formé. Les membres du groupe étaient Patrick du Gabon, Oboh du Nigéria, Douglas de la Jamaïque et Abel d'Éthiopie. Nous prions surtout pour que nos situations respectives changent et nous appelions Dieu à nous soutienne jusqu'à notre date de libération.

Parmi mes amis de la prison, j'ai surtout parlé à Patrick, pour la simple raison qu'il venait du Gabon, un pays francophone. Patrick a vécu en Amérique pendant dix ans. Il avait une carte de résident permanent et il était marié et père de deux enfants. Il m'a dit qu'il était en détention pour immigration à cause d'accusations de violence domestique. Il affirma son innocence et me révéla que le véritable problème était l'infidélité conjugale de son épouse, qu'il avait découverte deux ans plus tôt. Que l'ayant confrontée à ce sujet, cela avait conduit à leur dispute. La police a été impliquée et il a été poursuivi devant le tribunal pénal et condamné pour voies de fait et autres accusations. Tout résident permanent des États-Unis d'Amérique reconnu coupable de certains crimes, notamment des voies de fait, doit faire face à des juges de l'immigration pour défendre le maintien de sa résidence permanente.

Oboh était un étudiant en ingénierie venu du Nigéria. Il avait eu des ennuis, même s'il n'avait jamais exactement raconté son cas à qui que soit.

Douglas, de la Jamaïque, a déclaré qu'il était sur le point d'être expulsé pour un crime qu'il avait commis quinze ans plus tôt.

Abel, d'Ethiopie, avait été arrêté à l'aéroport pour avoir omis de déclarer quelque chose dans ses bagages.

J'ai rencontré beaucoup plus de personnes avec des histoires diverses, mais j'ai passé le plus clair de mon temps avec ces quatre.

Le déjeuner était servi entre 11 et 12 heures 30. Durant l'après-midi, une heure était réservée à la randonnée dans la cour ou à la sieste, dépendamment de la journée. Le souper était servi entre 16 Heures 30 et 17 Heures 30. Les douches étaient ouvertes à partir de 18 Heures jusqu'à 19 Heures. Et à partir de 21 Heures, je devais me tenir auprès de mon lit pour répondre à l'appel du soir. A 22 heures, les lumières s'éteignaient.

Les jours où les détenus devaient se rendre au tribunal, ils se réveillaient à 03 Heures du matin. Ils ne revenaient régulièrement qu'après 17 heures, et dès qu'ils arrivaient, tout le monde était curieux d'être informé de l'issue de leur procès.

C'est à cette époque que je me suis rendu compte qu'un individu, un simple citoyen était capable de confronté le Gouvernement

Américain en justice et remporter le procès. J'étais si surpris. Rien de tel ne pourrait arriver au Togo. Toute personne ayant un problème avec le gouvernement là-bas est considérée comme coupable, aussi simple que cela. Même si vous allez au tribunal, c'est probablement pour le spectacle ou pour jouer les figurants ou simplement pour remplir les formalités.

Comparution devant le juge

Ma première comparution devant le juge s'est faite via un écran de télévision, avec l'assistance d'un interprète en Français. Le juge avait lu les charges qui pesaient contre moi, après que j'aie déclamé mon nom complet. Il m'avait demandé si j'avais un avocat. Je n'en avais pas. J'ignorais ce que le juge avait dit exactement au procureur, mais il avait décidé de renvoyer le procès à une date ultérieure, visiblement pour me donner le temps de trouver un avocat.

Lorsque le procès repris, c'était désormais clair pour moi que ce juge fédéral avait le pouvoir de déterminer si je pouvais rester aux États-Unis ou bien être déporté vers le Togo. Certains des codétenus à qui j'avais donné des détails de mon cas m'avaient fait savoir que je pourrais être coincé en détention pendant deux ou trois ans dans l'attente du verdict de mon procès. Ils m'avaient conseillé de signer les documents de rapatriement volontaire afin que je puisse être rapidement renvoyé au Togo.

Vous savez déjà à quel point je voulais quitter le Togo pour venir ici en Amerique pour me créer un avenir meilleur. Alors, vous pouvez imaginé ma réponse à cette suggestion. Je ne voulais pas débarquer au Togo. Même si je n'étais pas si familier avec le système judiciaire des Etats-Unis à l'époque, j'étais convaincu que mon cas était juste le produit d'une grande incompréhension, et que je serai libéré.

Pourtant, ceux qui avaient cessé de se battre pensaient que j'étais fou de ne pas demander un retour volontaire au Togo.

À ce moment-là, je ne savais pas comment les choses se passeraient pour moi, mais je n'étais pas prêt à laisser mon rêve s'effondrer. J'étais décidé à me battre pour mon avenir. J'avais volontiers accepté la détention temporaire jusqu'à ce que je plaide ma cause devant le juge. Ensuite, j'accepterais le résultat.

La deuxième fois où je me suis présenté devant le juge, j'avais engagé un avocat de Chicago. J'ai eu le numéro de l'avocat de la part d'un autre détenu. Mon avocat a demandé une autre date d'audience afin d'avoir plus de temps pour préparer ma défense. Lors de mes troisième et quatrième comparutions devant le tribunal, le juge a constaté ce que j'ai vu: un malentendu évident. Les accusations ont été abandonnées et le juge a approuvé ma libération conditionnelle. L'affaire a été résolue complètement des années plus tard. Et j'ai été officiellement autorisé à rester.

Le 19 août 2004, j'ai été démenotté et libéré de la garde de l'immigration à Chicago, dans l'Etat d'Illinois. Quand je suis sorti, je me suis agenouillé et j'ai donné un baiser le sol. L'officier qui m'escortait me regardait étrangement, mais cela m'était égal. Je savais qu'il ne pouvait ni comprendre ni apprécier mon bonheur et ma satisfaction d'être enfin libre et autoriser à rester aux Etats Unis.

Pendant cette détention, j'ai gardé à l'esprit les possibilités d'un futur prometteur, et ma foi. Mes convictions et ma force intérieure ont atteint des sommets inimaginables. Je suis devenu confiant dans ma capacité à forger mon propre destin. L'expérience de la détention m'a forcé à compter sur une force que je ne pouvais pas voir. Utilisée correctement, cette force pourrait m'aider à réaliser tout ce que je voulais. Cette expérience m'a amené à croire que la coïncidence n'existe pas. Tout ce qui se passe est une leçon. Chaque revers peut créer de grandes opportunités.

Dans la vie, c'est à vous d'ouvrir les yeux et de voir ce que vous pouvez tirer de chaque situation, peu importe la gravité de ce que vous traversez. Si j'avais accepté la suggestion de signer un départ volontaire et de rentrer au Togo simplement parce que je ne voulais pas attendre en détention ou me battre pour ce que je croyais être juste, je ne pense pas que j'aurais eu l'opportunité de partager ces lignes avec vous aujourd'hui. Je croyais profondément que mon destin était de venir en Amérique, quels que soient les propos tenus ou la situation dans laquelle je me trouvais le premier jour. Et à la fin, ma conviction a été rémunéré.

CHAPITRE 4
Ma Première Année Aux Etats-Unis d'Amérique

Le 19 août 2004, quelques heures après avoir été libéré de la garde de l'immigration à Chicago, je suis monté dans un bus Greyhound en direction de Silver Spring, dans le Maryland. Des amis de la famille avaient organisé mon voyage et acheté mon billet à l'avance. Ils s'étaient arrangés pour que je parvienne à la station de bus de Chicago. Pendant 19 heures, je suis resté assis dans ce bus, traversant l'Amérique du Midwest pour me rendre à destination.

J'étais assis près de la fenêtre, ce qui m'a permis de contempler la beauté de ce pays pour la première fois. Nous avons parcouru de magnifiques régions de l'Illinois, de l'Indiana, de l'Ohio et de la Pennsylvanie jusqu'au Maryland. À chaque fois que nous approchions une nouvelle ville, le chauffeur annonçait l'arrêt à venir. Je ne comprenais pas tout ce qu'il disait. C'est ainsi que je regardais toujours par la fenêtre pour voir si un panneau géant pouvait me renseigner sur l'endroit où nous étions parvenus. Chemin faisant, les voyageurs montaient et descendaient du bus au fur et à mesure de ses arrêts. J'avais fini par perdre la notion du temps tellement je dormais et me réveillait par intermittence.

Au cours de ce long trajet, j'ai eu le temps de réfléchir à ma vie et j'étais plus reconnaissant que jamais d'être libre de poursuivre mon destin dans mon nouveau pays.

Je suis arrivé à Silver Spring, dans le Maryland, le 20 août 2004, vers 15 h 30. J'ai été accueilli à ma descente du bus par un ami de la famille qui m'a aidé à transporter mes bagages jusqu'au taxi qui nous a conduit à la maison. Pour la première fois en quatre mois, j'ai pris un repas fait à la maison. J'étais tellement reconnaissant de ne pas manger la nourriture qu'ils servaient en prison. Lors de ma première nuit en détention, on m'avait donné un plateau de purée de pommes de terre, des légumes, du poulet et un gobelet de fruits pour le dîner. Au Togo, le plat principal était toujours à base de riz, de maïs ou d'igname. Je n'avais jamais mangé de nourriture américaine avant mon arrivée en prison. Finalement, je me suis habitué aux plats américains, mais ils n'étaient rien comparés à ce premier repas cuisiné à la maison à Silver Spring.

Après le dîner, j'ai pris une douche et je suis allé directement me coucher. J'étais épuisé. Pour dire vrai, le lit était un canapé dans le salon, car il s'agissait d'un appartement d'une chambre pouvant accueillir quatre adultes et un enfant. J'étais le cinquième adulte. C'était si gentil et généreux de leur part de m'accueillir. Je suis resté là-bas pendant six semaines, jusqu'à ce qu'un autre ami de la famille accepte de m'accueillir. En tant que nouvel immigrant, il y avait peu de choses que je puisse dire ou faire tout seul. J'étais à la merci de tous ceux qui voulaient m'aider.

Mon prochain lieu de résidence était un condominium de deux chambres à coucher. Le propriétaire, sa femme et leurs fils sont restés dans la chambre principale. Je partageais la deuxième chambre avec une autre personne. Après mon installation, la grande question s'est posée : par où commencer ? Il était devenu évident pour moi que j'allais travailler très fort pour réaliser des choses très simples. J'étais un adulte qui ne parlait pas anglais et qui n'avait pas été instruit en Amérique. Comment pourrais-je accomplir quoi que ce soit dans un pays où je ne comprenais personne ? Il était devenu évident que si je voulais parvenir à quelque résultat que ce soit, je devais apprendre à parler anglais correctement et rapidement.

Valeurs et Culture

Il y a un moment, un collègue m'a signalé un article de presse concernant la forte probabilité que les immigrants réussissent beaucoup mieux dans divers domaines de leur vie. L'auteur démontrait qu'ils ont tendance à accomplir plus en termes d'éducation, de niveau de revenu, etc., par rapport aux personnes nées ici en Amérique. Il m'a demandé ce que j'en pensais. Je lui ai répondu que je n'avais ni les données ni l'expertise de l'auteur. Mais voici ce que je sais de ma propre expérience et des expériences d'innombrables immigrés que j'ai rencontré.

Chaque immigrant qui arrive aux États-Unis vient d'un pays aux ressources limitées ou a manqué quelque chose dans sa vie. Ils voient ce qui manque avant de quitter leur pays d'origine. Ils viennent aux États-Unis avec le désir ardent de reconstruire la vie qu'ils ont perdue ou d'en créer une nouvelle et meilleure. Cet endroit appelé Amérique est unique. Je pense que ce qui fait toute la différence dans la vie ce sont des rêves, combinés à certaines valeurs et convictions.

Je peux affirmer que le système politique au Togo est opaque, puisque c'est le pays où j'ai grandi. Un pays dépourvu de structures de base pour fournir des services adéquats à sa population. Plusieurs autres carences du système ont empêché le Togolais moyen d'avancer.

Cependant, l'éducation et les valeurs que mes parents m'ont données m'ont préparé à réussir aux États-Unis. Je crois que les africains ont en commun une solide formation familiale, du moins les Togolais. Mes parents m'ont appris beaucoup de valeurs importantes. J'aimerais détailler ces valeurs dans ce livre, mais je pense en réserver une partie pour plus tard. Cependant, une des valeurs qui, à mon avis, m'a le plus influencé au cours de ma vie jusqu'à présent - et dont la racine remonte à mon enfance - est la résilience.

Qu'est-ce que je veux dire par là ? La définition la plus simple de résilience que je connaisse, est la capacité de se remettre rapidement des difficultés. C'est aussi le processus par lequel l'on s'adapte à l'adversité en faisant appel à des ressources personnelles et sociales. La résilience a été ancrée très tôt dans mon âme. On m'a appris à être reconnaissant et à ne me plaindre de rien.

Je me souviens que chaque fois que je pleurnichais auprès de ma mère à propos de porter les mêmes vêtements ou chaussures pendant une semaine ou deux, elle me regarderait dans les yeux. Avec son glaçage régulier, elle me demanderait si je préférais donner mes vêtements aux enfants des voisins qui n'en avaient même pas. Ensuite, elle profitera de l'occasion pour me faire comprendre à moi et à mes frères et sœurs comment nous devrions être reconnaissants et ne pas nous plaindre.

On m'a aussi appris à être respectueux et poli envers tout le monde, peu importe son âge ou son statut social. Dans ma culture, je ne peux pas appeler une personne plus âgée que moi par son prénom. J'utilise plutôt des titres génériques respectueux tels que : « oncle, tante … » et d'autres pour lesquels je ne trouve pas de traduction.

Aujourd'hui encore, s'il arrive que quelqu'un me demande de trouver la force et le courage de relever bon nombre de mes défis, je souris simplement et réponds: «J'ai vu pire».

La plupart des enfants africains sont témoins de tellement de tragédies avant même l'âge de 10 ans. Les mêmes situations pourraient briser leurs pairs nés au même moment en Amérique ou dans tout autre pays développé.

Dans de nombreuses cultures africaines l'accent est mis sur

la façon de gérer efficacement ce qui nous arrive. On nous apprend à garder espoir. Au Togo, il existe un mot populaire dans ma langue maternelle. Le mot Ewe est: "elava-gnon", ce qui signifie "ça va aller".

Il y a même une fable populaire. Je ne sais pas d'où elle est tirée, mais elle illustre la résilience de la plupart des Africains que vous rencontrerez. Elle contient notre philosophie de la vie. Elle ressemble à ceci:

Dieu a organisé une réunion qui s'est tenue en présence du représentant de chaque continent pour lui faire le point de comment se déroule la vie sur leurs continents respectifs et sur la façon dont Il pouvait les aider.

Le représentant européen est arrivé le premier et a déclaré: «Mon Dieu, pour nous tout va bien. Nous avons atteint le niveau de vie le plus élevé au monde et nous parvenons à modifier génétiquement nos aliments pour nourrir tout le monde. Par conséquent, nous sommes en bonne forme. La seule chose que nous demandons est de nous accorder le pouvoir de réduire les saisons d'hiver ou d'été comme bon nous semble. » Avec sourire, Dieu a répondu:« Je vais voir ce que je peux faire. »

Un représentant de l'Asie a ensuite annoncé: «Mon Dieu, merci pour l'opportunité que vous nous avez donné ces 50 dernières années de transformer la vie sur notre continent. Nous avons réduit le niveau de pauvreté, doublé notre taux d'alphabétisation et augmenté la production alimentaire. Nous avons également atteint un succès avéré en médecine pour prendre soin de notre peuple. Tout ce que nous demandons, c'est de continuer cette opportunité pour les 100 prochaines années ». Avec sourire, Dieu a répondu: «Je vais voir ce que je peux faire.»

Le représentant de l'Amérique du Nord a demandé à Dieu: «Nous recherchons activement la vie sur d'autres planètes, telles que Mars, et nous voulons savoir s'il en existe et que pouvez-vous faire pour nous aider dans ce sens. Nous avons déjà conquis la vie sur Terre. «Avec un sourire, Dieu répondit:» Je vais voir ce que je peux faire. «

Le représentant de l'Amérique du Sud a demandé à Dieu d'éliminer complètement les tremblements de terre. Dieu a répondu: «Je vais voir ce que je peux faire» toujours avec sourire.

Un représentant de l'Antarctique a commenté le froid de son continent. Le représentant de l'Australie a demandé à Dieu d'aider à éliminer tous les dangereux animaux sauvages errant dans les environs chez eux. Aux deux demandes, Dieu sourit et répondit: «Je verrai ce que je peux faire.»

Vint enfin le représentant africain. Alors qu'il s'approchait du trône de Dieu, le sourire sur le visage de Dieu céda place aux larmes. Dieu pleure d'une façon inconsolable. L'atmosphère qui fut joyeuse se transforma en profonde tristesse. Intrigué par la tournure rapide des événements, le représentant africain fut confus et se mit à consoler Dieu. Il murmura: «Dieu pourquoi pleures-tu? Ai-je fait quelque chose qui vous a contrarié ? S'il vous plait, ne pleurez pas! «Dieu a réagi:» Je suis conscient de l'Afrique et de ses problèmes. «

Le représentant africain a continué à parler. «Au nom de mon continent, tout ce que nous voulons est très simple: nous voulons que toutes les guerres cessent. Nous voulons nous débarrasser des famines et avoir une chance de vivre en paix. Pouvez-vous m'aider avec cela ?"À cela Dieu, qui était toujours en train de pleurer répondit: " Je sais ce que votre continent a traversé et je ferai de mon mieux pour vous aider dans 300 ans ».

Étant donné que la résilience et l'espoir sont les points forts des Africains en général, sans aucune hésitation, il n'a plus rétorqué ni demandé à Dieu de le faire plus tôt, le représentant de l'Afrique a acquiescé et est parti.

Quand j'étais enfant, je sortais et jouais des heures avec des amis. Nous ne nous souciions jamais de jouets de fantaisie, ou de tout autre gadget qui aurait impliqué de dépenser beaucoup d'argent pour s'amuser. Nous fabriquions nos propres jouets en bois ou tout autre matériau que nous pouvions trouver. C'était amusant.

Dans ma communauté d'enfance, chacun prend soin de tous les autres. N'importe qui pouvait surveiller les enfants du quartier et les punir si nécessaire lorsqu'ils faisaient quelque chose d'anormal. Et ensuite, il irait informer leurs parents de ce qui s'était passé. Donc, si un enfant pensait pouvoir mal se conduire juste parce que ses parents étaient absents, il devait réfléchir à deux fois. L'idée d'une communauté qui élève des enfants ensemble était très réelle.

On m'a appris à apprécier les choses simples de la vie et à moins me concentrer sur des choses matérielles. On m'a appris à prendre soin des gens autour de moi et à les aider quand je le pouvais. Ce ne sont que quelques exemples des valeurs avec lesquelles j'ai grandi.

Ce qui signifie qu'en arrivant en Amérique, j'étais psychologiquement prêt à me battre pour arriver là où je voulais me rendre. Le simple fait que j'ai pu venir aux États-Unis d'Amérique était déjà une réussite en soi. C'était de la réussite, même si je devais être nettoyeur de rue, cuisinier de friture, ou tout autre amateur d'un boulot que certaines personnes en Amérique pourraient considérer comme pas trop important.

Comme je l'ai mentionné précédemment, le système politique, le gouvernement et les institutions de mon pays d'origine sont généralement considérés comme enchevêtrés. Jusqu'à présent, mon pays d'origine n'a pas réussi à mettre en place une société dont les citoyens pourraient être fiers. Cependant, les valeurs culturelles qui m'ont été enseignées de même qu'aux autres ressortissants de mon pays natal ont jeté des bases de notre développement personnel. C'est pourquoi nous nous battons si fort. Notre background est la raison pour laquelle nous sommes si résilients pour en faire plus une fois que nous en avons la possibilité. Et je crois que cela est vrai pour beaucoup d'immigrants.

La résilience, l'espoir, le partage, la compréhension, la notion de communauté, le respect des autres et l'acceptation mutuelle sont quelques-uns des traits qui ont été gravés en moi dès mon plus jeune âge. Ils sont ma base et me guident tout au long du chemin.

Comment j'ai appris l'anglais

Vous avez peut-être entendu dire que l'anglais est une langue difficile à apprendre.

Pour quelqu'un qui n'a jamais vraiment formé une phrase complète en anglais avant d'atterrir en Amérique, apprendre l'anglais était un véritable défi. En fait, j'apprends encore l'anglais 14 ans plus tard. Même si l'anglais était enseigné à l'école au Togo, je ne l'ai pris au sérieux qu'après mon arrivée en Amérique.

Le romancier et médecin américain Khaled Hosseini a déclaré: «Si la culture est une maison, la langue en est la clé de la porte d'entrée donnant accès à toutes les pièces à l'intérieur. Sans cette clé, a-t-il déclaré, vous vous retrouvez pris dans un piège, sans maison ni identité légitime.

Je ne saurais trop insister sur la véracité de cette affirmation. J'en fais une appréciation en regardant d'où je suis venu dans mon voyage pour être où j'en suis aujourd'hui. La capacité de communiquer correctement dans n'importe quelle culture, à mon avis, est la clé pour accéder à cette culture. Chaque fois que nous parlons, nous disons au monde qui nous sommes et comment nous voyons les choses.

Apprendre une nouvelle langue n'est pas toujours facile. Certains soutiennent que les enfants peuvent facilement absorber toute langue parlée dans leur entourage. Il est dit que les enfants peuvent rapidement parler couramment une nouvelle langue par rapport aux adultes. Cependant, au cours de ma carrière dans l'armée, j'ai rencontré de nombreux membres du service qui ont appris des langues étrangères à grande vitesse. Quel que soit votre parti pris dans ce débat, le début est toujours un défi.

Au fil des ans, j'ai rencontré des personnes de diverses communautés qui vivaient aux États-Unis depuis plus de 10 ans. Et pourtant, lorsqu'ils s'exprimaient en anglais, je m'étonnais de la lenteur de leurs progrès chancelants.

C'est plus tard que j'ai mieux compris quelles étaient limites. Il est inévitable de ne pas être embarrassé. Les malentendus en font partie. Vous serez parfois gêné (e) d'essayer d'avoir une conversation simple. Vous allez dire la mauvaise chose à la bonne personne. Vous prendrez le mauvais bus car vous ne pourriez pas lire correctement les instructions. Vous allez commander la mauvaise nourriture. Tout cela incitera les immigrés à passer du temps avec leurs « semblables », c'est-à-dire des personnes qui parlent leur langue maternelle.

Comme je l'ai mentionné, j'ai grandi dans un pays francophone. L'anglais ne venait pas en premier sur ma liste de langues à apprendre. L'anglais de base était enseigné au collège et au lycée au Togo. Mais je n'avais jamais pris cette matière au sérieux. Et cela explique comment, à vingt-quatre ans, je me suis retrouvé incapable d'épeler mon propre nom, de compter de un à dix ou de réciter l'alphabet complet en anglais. Néanmoins, j'étais résolu à apprendre.

Je me souviens que je regardais des émissions de télévision destinées aux enfants sur PBS Kids. Je sortais mon bloc-notes et allumais Sesame Street, Barney and Friends ou Arthur. Je prenais des notes et faisais des recherches sur les mots que je ne comprenais pas.

Cette expérience s'est avérée phénoménale. Ces programmes étant destinés aux enfants, ils m'ont fourni des explications de base sur les concepts, les mots, les prononciations, les normes sociales et les comportements acceptables et inacceptables dans la culture sociale américaine. Je crois aujourd'hui que les programmes d'éducation pour les enfants sont le reflet des valeurs et des normes de la société dans tous les pays. Alors, la prochaine fois que vous voyagerez, et que vous voulez en savoir plus sur la culture, regardez ce qu'ils enseignent à leurs enfants.

Ensuite, j'ai regardé les chaînes de nouvelles locales et nationales. Cela m'a aidé à apprendre à parler un anglais correct avant d'aller à l'école. La plupart des journalistes et leurs invités sont des diplômés universitaires dans divers domaines. Ils m'ont fourni une vaste banque de vocabulaire intellectuel. Avec le cycle de nouvelles de vingt-quatre heures, j'ai eu l'occasion d'entendre des choses encore et encore. En plus de la répétition utile, les nouvelles images ont renforcé ma compréhension des histoires que j'entendais.

En plus d'agrandir mon vocabulaire, j'ai beaucoup appris sur le système politique en regardant les informations d'août à novembre 2004. C'était une année électorale excitante avec George W. Bush et John Kerry en course.

Ensuite, j'ai pris un abonnement gratuit à la bibliothèque publique de Laurel. J'ai pu consulter des livres et des cassettes audio d'anglais langue seconde. D'autres matériels étaient également disponibles pour les nouveaux apprenants d'anglais.

Ce qui m'a le plus surpris pendant cette période, c'est l'adhésion gratuite à la bibliothèque. Si cette déclaration vous semble étrange, laissez-moi vous expliquer : dans le système éducatif togolais, la plupart de nos manuels scolaires étaient des versions obsolètes des années 50, 60 et 70. Les cours que nous recevions à l'école préparait la plupart des Africains que vous pourriez rencontrer à exceller dans le système scolaire américain, mais nous avons lu et étudié des choses qui n'étaient pas vraiment appropriées pour notre époque. Et nous n'avions certainement pas de système de bibliothèque gratuite au Togo. Même s'ils avaient existé durant le temps où j'étais au collège, vous ne trouveriez pas de livres, audios, vidéos ou matériels actuels à consulter et à utiliser gratuitement.

Pendant mes années universitaires au Togo, en tant qu'étudiant en droit, je devais faire des copies payées du manuel que nous étions censés utiliser. Et il n'y avait pas de matériel utilisable dans la bibliothèque universitaire. Voilà pourquoi la quantité massive de matériels disponibles gratuitement dans les bibliothèques publiques américaines était hallucinante. Cette bibliothèque spécifique à Laurel, dans le Maryland, est rapidement devenue mon endroit préféré.

Là, j'ai étudié toute la journée, surfé gratuitement sur Internet (j'ai dû payer pour naviguer sur Internet au Togo), étudié de nombreux sujets et repéré les versions anglaises de livres que j'avais lus auparavant en français. J'ai comparé des livres anglais et français texte à texte. Cette technique a accéléré mon processus d'apprentissage. Mon livre préféré pour comparer, croyez-le ou non, était la Bible. Comme j'avais grandi en allant à l'église avec ma famille, en écoutant des sermons et en lisant moi-même la Bible, je connaissais de nombreux chapitres en français et en éwé (ma langue maternelle).

Maintenant que j'apprenais l'anglais, j'ai choisi des chapitres bibliques familiers et j'ai essayé de les lire dans ma nouvelle langue. Mon esprit connaissait déjà le sens de ce que je lisais, alors je mémorisais juste la version anglaise. Cette technique m'a aussi rapidement révélé que tout ne pouvait pas être traduit mot par mot du français à l'anglais.

En très peu de temps, j'ai appris à répondre correctement aux salutations. Mes études étant concentrées, je pouvais bientôt poser des questions de base sur l'heure, les lieux, la vie quotidienne, etc. J'avais fait des progrès. Mais mes progrès alternaient succès et échecs.

Difficultés au restaurant

Je me souviens lorsque je suis allé au restaurant pour la première fois. Je ne savais pas que le menu principal en Amérique était le repas principal et que l'apéritif correspondait au plat de base. J'ai donc passé ma commande en indiquant les articles du menu des entrées, sans savoir vraiment ce que je commandais.

Vous auriez dû voir mon visage quand ils m'ont apporté deux assiettes pleines plus un apéritif. «Entrée» signifie en français un plat servi avant le plat principal du repas. C'était ma confusion. Quand on m'a demandé ce que je voulais boire, je me suis contenté de parler d '«eau gazeuse», pensant que je demandais de l'eau ordinaire. Quand je l'ai bu, j'ai presque tout recraché à cause de son goût inhabituel.

Pour éviter ce genre d'embarras, j'ai longtemps évité d'aller au restaurant. Ensuite, lorsqu'il m'arrivait d'y aller, je me faisais accompagné par quelqu'un qui pourrait me traduire en français. Plus tard, je commanderais la même chose chaque fois que je retournerais dans ce restaurant, simplement parce que je savais à quoi m'attendre.

Significations subtiles

Souvent, nous ne réalisons pas que les mots ont un sens puissant. Nous avons tendance à utiliser des mots avec désinvolture. Cela est particulièrement vrai si votre vocabulaire est limité, ce qui était mon cas. Dire les bonnes choses au bon moment et au bon endroit a été un moment décisif pour moi lorsque j'apprenais l'anglais. Par exemple, je me suis souvenu d'avoir dit à une amie qu'elle était «sexy et chaude».

Ce que je voulais dire, c'est qu'elle était belle. Vous pouvez imaginer l'expression sur son visage.

Il existe bien de faux amis en Anglais, des mots ayant la même résonnance phonétique qui pourtant ne signifient pas la même chose. J'avais souvent du mal à prononcer la plupart de ces mots que j'utilisais d'ailleurs mal. J'ai vu les gens être intrigués par ce que je disais qui ne correspondais pas à ce que je voulais dire. Je me souviens d'avoir été confus au sujet de plusieurs expressions qu'il fallait comprendre au second degré. Il y avait beaucoup de choses à apprendre.

Etant donné que j'avais tiré la majeure partie de mon langage des émissions et programmes de télévision que je regardais, vous auriez pu imaginer lesquelles émissions à partir de mes rares conversations. Au début, c'était soit plein de grossièreté ou une mauvaise utilisation des mots que je ne comprenais pas tout à fait.

La première fois où j'ai utilisé le mot «f...», c'était pour décrire un poulet que j'étais fatigué de manger. Mon ami m'a gentiment coupé et m'a dit que ce n'était pas un mot approprié. Il a ensuite expliqué les différentes circonstances dans lesquelles les gens utilisent ce mot. Il a mis fin à la conversation en me disant que je devais comprendre le contexte dans l'utilisation de mon nouveau vocabulaire.

L'essentiel est que je me suis immergé dans l'apprentissage de l'anglais américain. Bien que j'aie commis de nombreuses erreurs embarrassantes, mon immersion dans la vie américaine m'a aidé à comprendre la culture et à y naviguer avec succès.

Ajustements supplémentaires

Avant de venir aux États-Unis, je n'avais jamais vraiment réfléchi à la façon dont je m'adapterais à une culture très différente de celle du Togo. Je pensais vaguement que cela ne pouvait pas être aussi difficile.

Cependant, ce n'était pas simple. Un geste normal sur mon continent d'origine pourrait avoir un effet totalement opposé aux États-Unis.

Par exemple, au Togo, il est considéré irrespectueux de regarder dans les yeux une personne plus âgée que vous lorsque vous lui parlez. En Amérique, parler à quelqu'un et ne pas le regarder dans les yeux signifie que vous mentez, que vous êtes timide ou cachez quelque chose. Je l'ai découvert des années plus tard. J'ai dû apprendre tellement de petites choses à adapter et à ajuster correctement.

Et après quelques essais, j'ai également commencé à utiliser le prénom des personnes (quel que soit leur âge), acheter de la nourriture, remplir des formulaires, me faire des amis, etc.

S'adapter à la vie aux États-Unis n'a pas été très difficile pour moi par rapport aux autres immigrants. Je voulais tellement être en Amérique, j'étais prêt à tout. En regardant en arrière, j'ai réalisé que ce qui me facilitait la tâche, c'était le fait que j'étais prêt à abandonner ma vie au Togo. J'ai vu le changement comme une bonne chose pour moi et mon avenir. J'ai tout fait pour m'intégrer à ma nouvelle culture. Surtout je suis resté ouvert d'esprit. J'étais toujours disposé à envisager différentes options.

Cependant, je ne pouvais pas dire que je n'avais pas le mal du pays et le choc culturel de ma première année. La culture américaine est unique à bien des égards; et il est très difficile de la décrire succinctement. Ce qui est acceptable à New York ou sur la côte Est en général peut ne pas l'être lorsque vous vous rendez en Caroline du Nord ou dans le Sud, par exemple.

Différences régionales

J'ai vécu dans la région métropolitaine de Washington, DC pendant les quatre premières années de ma vie en Amérique. J'ai remarqué que les gens « restent entre eux » dans des lieux publics tels que des stations de métro ou de bus. Je me suis souvenu d'un matin debout à l'arrêt de bus attendant mon autobus pour arriver. Il y avait un autre monsieur qui se tenait pas très loin. Juste par courtoisie, je me suis approché de lui et l'ai salué. Je voulais lui demander s'il était là depuis un moment. Comme je l'ai dit bonjour, il m'a à peine regarder avec une expression faciale glacée. Il a répondu froidement. Dès que j'ai commencé à parler, il s'est juste éloigné de moi en murmurant quelque chose que je n'avais pas saisi.

Plus tard, j'ai raconté «l'incident» à mon cousin qui m'a fait savoir que c'était généralement le cas. Les gens ne parlent pas facilement aux inconnus. Je l'ai trouvé un peu choquant. Là où j'ai grandi, peu importait que vous connaissiez la personne ou non, vous étiez amical. Vous pouviez vous saluer poliment et entamer une conversation.

Après cet incident, je suis devenu détective culturel. J'ai commencé à faire attention aux comportements des gens chaque fois que j'attendais un bus ou un métro. Et je me suis rendu compte que tout le monde était dans leur «tête». Je verrais deux personnes, par exemple, qui ne se tiennent pas à moins de dix pieds l'une de l'autre et ne parleront pas et n'engageront aucune conversation. Tout le monde semblait occupé ou préoccupé par quelque chose. J'ai trouvé cela très étrange. Mais peu à peu j'ai accepté que cela comme étant la norme. Et peu après mes observations, j'ai adopté le même comportement.

Mais les usages ne sont pas les mêmes varient partout aux États-Unis. Lorsque j'ai déménagé en Caroline du Nord, ce type de comportement «repli sur soi» n'était pas la norme. J'ai rapidement remarqué que les gens sont beaucoup plus amicaux que ceux que j'ai connus à DC.

Lorsque j'ai emménagé dans ma première maison juste à l'extérieur de la ville de Greensboro, je me souviens que les voisins me hêlaient lorsque je passais en voiture. La première fois que cela s'est produit, je me suis demandé «qu'est-ce qui ne va pas ici» ? Pourquoi les gens font-ils ces signes de salutations, me suis-je demandé ? J'ai découvert plus tard que les habitants du Sud sont généralement désireux d'engager une conversation, même avec un inconnu. Ils salueront ou salueront au lever du jour, peu importe qui ils croiseront.

Je me souviens la première semaine après mon déménagement lorsque je tondais ma pelouse. Mme King, une dame à la retraite qui habitait à côté, est passée. Elle s'est présentée et m'a dit tout ce que j'avais besoin de savoir sur le quartier dans lequel je venais d'emménager. Elle était très amicale et généreuse. Elle m'a proposé une liste d'entrepreneurs en réparation qu'elle utilisait pour tout ce que vous pouvez penser à rénover en tant que propriétaire.

Mme King était originaire de Caroline du Nord et y avait vécu toute sa vie. Elle m'a raconté d'innombrables histoires de gens qui vivaient dans le quartier. Elle a parlé de la vie qu'elle vivait dans le Sud. Quand elle a découvert que je suis née et que j'ai grandi loin de la Caroline du Nord, elle a m'en a davantage expliqué sur l'histoire du peuple noir des Etats Unis d'Amérique. Nous avons eu de nombreuses discussions sur le passé douloureux de notre pays en matière d'esclavage et de discrimination raciale.

Et chaque fois que nous abordons ces sujets très sensibles, cela me rappelle tout ce que les générations précédentes et actuelles ont accompli dans la lutte pour la justice sociale pour tous. Sans ces progrès, je suis sûr que je n'aurais pas eu les possibilités que j'ai maintenant. Oui, beaucoup a été fait. Il y a certes encore des progrès à faire; et c'est en cela que l'Amérique est spéciale. Nous nous demandons constamment qui nous sommes et ce que nous pouvons faire différemment pour améliorer la vie des générations futures. C'est là encore une des raisons pour lesquelles les États-Unis d'Amérique sont si différents et uniques par rapport à tout autre pays.

L'attitude des gens varie d'un endroit à l'autre aux États-Unis. En tant qu'immigrants, nous ne le savions pas avant de venir, il m'a donc fallu un peu de temps pour m'ajuster.

L'autre choc culturel é été la première fois que j'ai vu deux hommes s'embrasser dans la région de DuPont Circle à Washington, DC. Je venais d'une société très conservatrice. Je n'ai entendu parler des gais et des lesbiennes que par les médias. Je n'en avais jamais vu ou rencontré en personne. Je me souvenais avoir demandé à mon ami si la police les arrêterait pour avoir fait une telle chose en public. Mon ami vivait aux États-Unis depuis beaucoup plus longtemps. Elle s'est moquée de moi et m'a dit: «Écoute, c'est le pays de la liberté et le foyer des braves. Personne ne va en prison parce qu'il a tenu une autre personne par la main ou qu'il l'a embrassé. «

Les fêtes

En ce qui concerne la vie sociale, dans mes premières années, je suis allé exclusivement à des événements africains. Les fêtes, les anniversaires et les cérémonies de remise de diplômes à d'autres immigrants étaient l'endroit où je me sentais le plus à l'aise au début.

La plupart des Africains que vous rencontrez aux États-Unis appellent toujours les autres Africains leur «frère» ou leur «sœur». Nous sommes tous du même continent. Nous sommes tous frères et sœurs de la même mère patrie. Cette camaraderie est au cœur de la communauté africaine. C'est pourquoi chaque fois qu'il y a une fête africaine, vous rencontrerez des personnes d'autres pays d'Afrique, que la partie hôte soit du Ghana, du Togo, du Kenya ou d'un autre pays.

A chaque fête africaine typique vous trouverez de la nourriture et des boissons à volonté. Il est garanti que les soirées incluent de la musique africaine inspirée, généralement le meilleur des chansons africaines, qui envoûtent toujours la foule. Quand je parle de musique et de chansons africaines, je parle de toute la musique réunie. Comme vous le savez, l'Afrique abrite plus d'un milliard de personnes. Elle compte 54 pays et des milliers de langues et de cultures différentes. La musique varie donc beaucoup d'une région à l'autre et d'un pays à l'autre.

Au fur et à mesure que mon anglais s'est amélioré et que ma compréhension culturelle a augmenté, je me suis progressivement aventuré dans différentes expériences de vie nocturne. J'ai travaillé à m'intégrer à mon nouveau pays. J'ai commencé à fréquenter des établissements mixtes pour inclure des Caucasiens (les blancs), des Afro-Américains, des Jamaïcains et des Latinos dans ma nouvelle vie.

CHAPITRE 5:
Du Cuisinier au restaurant « Popeyes » À L'officier, Ingénieur de l'Armée Américaine au Pentagone

La voie du succès n'est pas rectiligne. C'est un chemin chaotique, dur, compliqué, mais ça vaut le coup. —Auteur inconnu

Depuis mon arrivée aux États-Unis jusqu'à mon emploi actuel, je suis passé par d'innombrables boulots. Si je vous en parle ici, c'est parce que je ne souhaite pas que vous fassiez une fixation sur les boulots en tant que tels mais plutôt sur mon évolution graduelle. Regardez jusqu'où leur chemin m'a conduit aujourd'hui. Nos voyages nous mènent là où nous voulons nous retrouver. Mais les chemins de tels parcours ne sont jamais des lignes droites. Chérissez là où vous en êtes aujourd'hui, mais ne cessez jamais de vous éduquer ou bien d'apprendre de nouvelles compétences instrumentales pour partir de votre situation actuelle pour atteindre votre destination.

À moins que vos parents vous nomment Président-directeur général de leur propre entreprise dès la fin de vos études secondaires ou collégiales, vous devez commencer par le bas de l'échelle économique, puis grimper au sommet. Le système économique américain est une ruée raide. Vous commencez au bas de l'échelle avec le salaire minimum. Et des années plus tard, vous pourriez gagner un revenu à six ou sept chiffres. C'est possible, et la clé est de devenir de plus en plus précieux pour le marché.

Le bas de l'échelle était l'endroit où je me trouvais en 2004, lorsque je suis arrivé dans ce pays. J'ai commencé à gagner peut-être treize mille dollars par an. Et un peu plus d'une décennie plus tard, j'ai franchi la barre des six chiffres. Comment cela a-t-il été possible ? La réponse est simple: j'ai changé. Je suis devenu plus utile au marché en m'éduquant un peu plus et apprenant de nouvelles compétences recherchées. Voici comment j'ai commencé.

Cuisinier de la Chaîne de Restauration Rapide POPEYES

À l'âge de vingt-quatre ans, mon tout premier emploi aux États-Unis était cuisinier de frites chez Popeyes. Mon cousin, avec qui je séjournais à l'époque, travaillait pour ce restaurant. Et quand je suis arrivé, il a demandé au gérant du magasin s'ils embauchaient. Et le gérant lui a fait savoir que leur cuisinier avait démissionné il y a quelques semaines et qu'ils avaient besoin d'un remplaçant.

Je ne saurais dire à quel point j'étais heureux de décrocher ce boulot. J'y travaillais six jours par semaine, huit à douze heures par jour. J'avais pris une telle fierté dans ce travail. Et chaque fois qu'un collègue était empêché, j'étais le premier à me porter volontaire pour reprendre son quart de service. Je gagnais 6,25 $ l'heure.

Porteur au Sofitel Hôtel & Willard International Hôtel

Au fur et à mesure que je maîtrisais l'anglais, j'ai été embauché comme personnel d'accueil à l'hôtel Sofitel de Washington, DC, en octobre 2005. À ce travail, je trouvais beaucoup de plaisir. J'aidais les clients à porter leurs bagages et leur suggérais des restaurants, des lieux populaires à visiter et des activités de loisir en ville. Tout cela se faisait avec du sourire et de l'attitude positive.

Au début, j'étais timide. Je n'avais jamais travaillé dans un hôtel de luxe ni été exposé à des invités venant de la haute société. Ce travail m'a aidé à développer ma confiance en moi quant à traiter avec les gens, certains agréables et d'autres moins. Je gagnais 8 dollars par heure plus les pourboires. C'était une grande amélioration par rapport à mon premier emploi dans la restauration; et je me suis fait de très bons amis avec qui je suis toujours en contact aujourd'hui.

Après avoir travaillé à l'hôtel Sofitel pendant un peu plus d'un an, j'ai eu mon deuxième emploi de porteur au Willard Inter-Continental Hôtel à Washington, DC. Entre mes deux boulots, je travaillais presque tous les jours. J'étais concentré à économiser de l'argent pour commencer mes études universitaires.

Première expérience universitaire aux États-Unis

J'ai commencé mes études universitaires au printemps 2007 au Montgomery Community College à Takoma Park, dans le Maryland. La première fois où je suis entré dans la salle de cours, je n'ai pas pu m'empêcher de la comparer à celles de l'université de Lomé, où j'avais étudié la dernière fois. Dans ce collège communautaire, j'avais accès à tout ce dont j'avais besoin pour réussir mes études: salles de classe avenantes et ergonomiques, livres, bibliothèques, laboratoires informatiques et toute autre ressource à laquelle je pouvais penser. Quel luxe !

En revanche, l'Université de Lomé au Togo manquait de salles de classe décentes, de matériels d'étude appropriés et même de places assises pour le pléthorique effectif d'étudiants. Par exemple, lorsque j'étais étudiant en droit, je devais arriver plus tôt les matins vers 5h30 à mon cours qui commençait 8 h juste pour avoir une chance de trouver un siège décent. Certains étudiants arrivaient en classe dès 4 h 30. Il y avait au moins entre 250 et 350 étudiants dans un bâtiment de style amphithéâtre, prévu pour peut-être 200 places. L'autre problème était l'inexistence du matériel didactique, de livres à jour et le manque d'application pratique de tout ce qui était enseigné. En plus de ces difficultés, les professeurs n'étaient pas payés régulièrement. C'est ainsi qu'ils entraient en grève très souvent, pour faire entendre leur voix.

Lorsque j'ai accédé au système éducatif américain, j'étais soulagé de n'avoir à faire face à aucun de ces problèmes. Je pouvais enfin poursuivre mes études. Par contre, je me suis trouvé confronté à une autre réalité: le financement des études universitaires, puisque l'université coute vraiment cher en Amérique.

L'épargne que j'avais mis de côté avant de commencer mes études a rapidement diminué après que j'aie payé mes frais de scolarité, mes livres et mes frais de subsistance. J'avais deux emplois au salaire minimum, pour financer mes études et mon loyer et couvrir mes dépenses courantes. Je n'étais pas admissible aux subventions ou aux prêts fédéraux. Après deux semestres au Montgomery Community College, j'ai dû abandonner mes études simplement parce que je ne pouvais plus tenir le coût financièrement.

La décision d'abandonner a été très pénible. J'avais tellement rêvé de terminer mes études. Mais je me suis promis de revenir. Mon plan était de travailler six mois pour payer un semestre chaque année jusqu'à l'obtention de mon diplôme. Mais vivre dans la région de Washington, DC, au salaire minimum était un défi. Je pouvais à peine payer le loyer et les autres frais de subsistance - beaucoup moins les frais de scolarité à l'université – même en occupant deux emplois.

Assez vite, un de mes amis qui vivait à Louisville, dans le Kentucky, m'a expliqué à quel point le coût de la vie y était bas. Il m'a également fait savoir qu'il était nettement plus facile de trouver un emploi rémunéré dans son État. Je lui ai rendu visite. Quelques mois plus tard, j'ai décidé de déménager à Louisville, pensant que cela pourrait m'aider à atteindre mon objectif.

Galt House Hotel à Louisville Kentucky

Je suis arrivé à Louisville durant l'été 2008. J'ai immédiatement postulé pour un emploi dans le service à la clientèle à l'hôtel Galt House. Grâce à mon expérience en tant que préposé à la clientèle, j'ai été embauché sans plus attendre.

Avec ses 1 300 chambres, le Galt House Hotel est le plus grand hôtel du Kentucky. C'était un endroit très animé et je m'y suis bien intégré. Après y avoir travaillé environ six mois, j'étais prêt à retourner à l'université. Cependant, je ne pouvais pas obtenir un horaire de travail compatible avec les cours que je voulais suivre. J'avais besoin d'un emploi avec beaucoup plus de flexibilité. Un de mes amis chauffeur de taxi a suggéré que j'essaie de conduire comme lui. Je n'avais jamais conduit de taxi auparavant, mais comme ma priorité était de retourner à l'école, j'ai demandé un permis de taxi auprès d'une société appelée Ready Cab. Quelque semaines plus tard, j'étais devenu conducteur de taxi.

Chauffeur de taxi à Louisville Kentucky

Être chauffeur de taxi était très intéressant. J'étais mon propre patron. Je me réveillais quand je voulais, je travaillais à mes heures voulues et j'ai pu m'inscrire au Jefferson Community College à Louisville, dans le Kentucky. Je prenais les cours le matin. Une fois que j'avais terminé, je prenais la route. Cette flexibilité des horaires m'a permis de travailler et de prendre part aux cours en même temps, mais ce n'était pas facile. Mes jours duraient dix à quinze heures de temps.

Le centre-ville de Louisville - en particulier Fourth Street - était la principale zone de recherche de clients. C'était donc ma zone de stationnement. Fourth Street était le quartier des divertissements, avec plein de bars et de restaurants en plein cœur du centre-ville de Louisville. C'était un endroit idéal pour trouver des clients le week-end. J'y passais la majeure partie de mon temps, devant des hôtels, des discothèques, des bars et des musées.

Mais la plus grande opportunité d'affaires pour les chauffeurs de taxi à Louisville était celle du Kentucky Derby. Une fois par an, le premier week-end du mois de mai, des gens du monde entier viennent assister à des courses de chevaux. (Cette période est également connue sous le nom de «la plus célèbre des quatre minutes de sport».)

La course elle-même n'était pas le spectacle le plus couru de Derby. C'est un événement célèbre pour l'ambiance festive qui s'imprègne de la ville de jeudi à dimanche. C'est une fête à l'échelle de la ville qui rassemble du monde dans les rues, les hôtels, les restaurants et les bars. Pendant ce temps, les opportunités d'affaires sont nombreuses pour les chauffeurs de taxi. Les week-ends de Derby, je travaillais avec très peu de repos, gagnant trois fois plus mon revenu mensuel en quatre jours. Cet argent m'a servi à payer les frais de scolarité et les livres pour le semestre suivant. J'ai fait cela deux années de suite, jusqu'à ce que je décide de déménager à Greensboro, en Caroline du Nord, en juin 2010.

Ouvrier à Greensboro, Caroline du Nord

Lorsque j'ai déménagé à Greensboro, en Caroline du Nord, j'ai trouvé du boulot dans une agence de travail temporaire. J'ai été placé dans une imprimerie qui avait besoin de quelqu'un de nuit. Là, je travaillais douze heures par jour, six jours par semaine. J'étais ce qu'on appelait un «flotteur», ce qui signifiait essentiellement que j'apportais mon assistance partout où on avait besoin de moi.

Mon entreprise imprimait des coupons pour la chaîne d'épicerie Food Lion. Certaines de mes tâches consistaient à : charger et décharger des articles à partir de machines et de convoyeurs, soulever à la fois des matières premières et des produits finis, et emballer des articles à la main ou à l'aide de palans. J'étais également responsable d'observer le fonctionnement des équipements. Si des dysfonctionnements étaient détectés, j'en avisais les superviseurs ou les opérateurs de machines. Pousser, tirer et déplacer des palettes avec un transpalette constituaient également une autre de mes tâches. Je chargeais et déchargeais des camions, j'examinais les produits imprimés pour vérifier la conformité aux normes de qualité et maintenait l'espace de travail sûr, organisé et propre à tout moment.

Je l'ai fait les quatre mois suivants, gagnant 7,45 $ l'heure. J'étais toujours fatigué lorsque je rentrais de ce travail. Et je n'ai jamais eu assez d'argent pour faire quoi que ce soit, même si je travaillais soixante heures par semaine. Mon avenir ne semblait pas prometteur. À cette époque, j'ai réalisé que ma vie n'allait pas dans la direction que je souhaitais. C'est à ce moment-là que j'ai pris la décision de rejoindre l'armée américaine.

Études Supérieures et diplôme à Greensboro en Caroline du Nord

J'ai rejoint l'Armée de terre Américaine le 1 er octobre 2010. C'était la meilleure décision de ma vie. Je suis parti suivre une formation de base et une formation individuelle avancée en novembre 2010. Je suis rentré chez moi en avril 2011.

C'est à ce moment-là que ma vie a vraiment commencé à s'améliorer. Une fois rentré chez moi, je suis retourné à l'université avec un plan clair pour payer mes études. Je me suis servi du projet de loi GI de l'armée et le programme d'assistance pour les frais de scolarité (avantages liés à l'éducation en étant militaire) pour payer mes frais de scolarité et mes livres. J'avais aussi un revenu mensuel pour les trois années suivantes.

J'ai également travaillé à temps partiel comme préposé à la clientèle des hôtels O'Henry & Proximity à Greensboro. J'étais donc étudiant à temps plein, prenant entre quinze et vingt et un crédits par semestre, travaillant à temps partiel et assistant à la formation mensuelle de l'Armée de terre. J'étais toujours occupé et je n'avais jamais le temps de me détendre, mais je savais que chaque sacrifice que je faisais avait un but.

En mai 2013, j'ai obtenu ma License (baccalauréat) en relations internationales à l'Université d'Etat de la Caroline du Nord. J'étais sur la lune quand j'ai traversé cette scène pour recevoir mon diplôme!

Treize ans après avoir obtenu mon diplôme d'études secondaires dans mon pays d'origine, le Togo, et six ans après avoir quitté le Montgomery Community College dans le Maryland, j'ai enfin réalisé mon rêve: obtenir mon diplôme universitaire, tout cela grâce à l'armée des États-Unis.

Deuxième Cycle Universitaire

Après avoir obtenu mon diplôme, j'ai eu l'occasion de travailler pour le Quartier Général de mon unité de l'armée à Fort Bragg, en Caroline du Nord. J'ai acquis de nouvelles compétences qui n'avaient rien à voir avec mon diplôme universitaire, mais j'avais hâte d'apprendre et de m'adapter. J'ai commencé la formation et la mise en application de nouvelles leçons en technologies de l'information. Mon ouverture d'esprit a ouvert de nouvelles portes pour ma carrière et m'a permis de gravir les échelons sociaux et professionnels. Je suis passé de Fort Bragg à un déploiement à Djibouti et dans divers autres pays d'Afrique de l'Est.

Mon premier déploiement: Djibouti, Afrique (2014-2015)

J'ai quitté le continent africain en tant que citoyen togolais le 23 mars 2004. Dix années plus tard, le 9 octobre 2014, je suis arrivé à Djibouti, en Afrique de l'Est, en tant que citoyen américain servant dans le commandement des affaires civiles et des opérations psychologiques de l'armée des États-Unis. Jamais, dans mes rêves les plus fous, je ne pensais que cela aurait été possible pour moi. Bien au contraire, j'ai atterri à Djibouti, en Afrique de l'Est, en tant que soldat américain.

L'une des choses qui fait la renommée de l'Afrique est sa chaleur; et la météo à Djibouti a confirmé sa réputation. Ancienne colonie française, la République de Djibouti est un pays situé dans la Corne de l'Afrique, qui compte près d'un million d'habitants. La majorité est musulmane. Près de la mer Rouge, Djibouti est une plaque tournante de sociétés maritimes multinationales et de multiples bases militaires étrangères.

Tout me semblait surréaliste. Lorsque notre avion a atterri sur le tarmac de l'aéroport international de Djibouti après presque 24 heures de voyage, il était 6 heures et quelques minutes du matin, en heure locale, le 9 octobre 2014. Mes coéquipiers et moi étions tous fatigués et avions besoin de manger de la vraie nourriture. Cependant, il y avait des procédures et des exigences à respecter. Nous avons fait de notre mieux pour les suivre le plus rapidement possible.

Pendant les neuf mois suivants, j'étais affecté au Camp Lemonier, la seule base militaire américaine permanente sur le continent africain.

Je me souviendrai de mon séjour à Djibouti pour le reste de ma vie. J'ai appris beaucoup de précieuses leçons de mes camarades soldats, aviateurs, marins, et des partenaires internationaux, militaires et civils. J'ai eu l'occasion de voyager dans de nombreux autres pays durant ce déploiement, notamment le Burundi, le Kenya, l'Éthiopie, la Tanzanie.

La vie dans cette petite base très achalandée à Djibouti était très intéressante. Au début, comme tout le monde, j'ai eu du mal à trouver des endroits sur la base. Il m'a fallu un certain temps pour repérer la salle à manger, le gymnase et d'autres endroits fréquentables. Mais heureusement, l'installation militaire était petite et j'ai appris à me débrouiller.

Conditions de vie

J'occupais une pièce d'habitation dénommée : unités de vie conteneurisées (UVC). Fondamentalement, ces unités sont des conteneurs d'expédition de quarante pieds transformés en appartements pouvant accueillir quatre personnes. Un mur au milieu divise chaque conteneur en deux unités de vingt pieds chacune pouvant accueillir deux personnes.

Le secteur où nous vivions tous s'appelait UVC Ville (habilement prononcé «Whoville» en Anglais). Nous appelions CLUsers Les collègues qui passaient trop de temps dans leur quartier. Une façon subtile de dire LOSERS (à savoir : «perdants»).

Les salles de bains, appelées «ablutions», étaient réparties dans l'ensemble de "UVCVille". Il s'agissait également de conteneurs maritimes de quarante mètres, mais des toilettes y étaient aménagées à une extrémité et des douches et lavabos à l'autre. Les douches ne faisaient que deux pieds sur deux. Je ne pouvais pas lever horizontalement mes deux coudes sans toucher les murs.

En raison du surpeuplement de la base et de la capacité limitée de traitement des eaux usées, nous prenions des douches de combat. Cela signifiait ouvrir l'eau pendant trente secondes pour être mouillé, puis l'arrêter pour se savonner, puis la remettre en marche pour se rincer pendant deux minutes et demie maximum.

S'il nous arrivait de gaspiller l'eau, nous donnerions l'occasion aux dirigeants de fermer les salles de bain pour nous en limiter l'accès.

Il faisait très chaud à Djibouti, il était donc impératif pour chacun de laver ses vêtements. Dans des circonstances normales, nous pouvions soit laver notre linge à UVCVille, soit le déposer afin qu'il soit fait pour nous. Les deux options présentaient des avantages. Mais les questions de gestion conservatrice de l'eau faisaient de la lessive un véritable défi. Quand il y avait une pénurie, cela signifiait qu'il n'y aurait pas de lessive et par conséquent du linge sale - et beaucoup d'odeur.

Équipements

Même si le camp n'était pas fantastique, tout ne s'arrêtait pas aux douches de combat. Si nous pouvions supporter la chaleur et se déplacer d'un bâtiment à l'autre, nous avions tout ce dont nous avions besoin sur la base.

La nourriture dans le camp était principalement servie dans les restaurants, que nous appelions des salles de repas. Subway était disponible pendant mon séjour et « Pizza Hut » a ouvert juste après mon départ. La plupart des repas étaient des plats typiques de la cafétéria - le pain de viande de lundi devenait le Joe bâclé de mardi. Mais ils faisaient du bon travail en fournissant de la variété et en ajoutant des aliments ethniques comme les mets mexicain, chinois ou philippins pour que cela reste intéressant. Nous pouvions avoir de la nourriture 24 heures sur 24, 7 jours sur 7, mais les repas assis n'étaient disponibles que pendant certaines heures. Sinon, nous emballions notre propre nourriture pour nous mettre en route.

Pour les fournitures, nous pourrions acheter presque tout ce dont nous avions besoin dans le Navy Exchange (NEX). Ils pouvaient ne pas avoir d'énormes choix de marques préférées, mais ils avaient tous les éléments essentiels et beaucoup de collections.

Le gymnase ouvert 24 heures/24 et le sentier de course à pied de 4 kilomètres offraient de nombreuses possibilités d'exercice. Le camp nous proposait également du yoga, des arts martiaux et d'autres sports.

Nous pouvions avoir accès à Internet dans nos chambres, mais nous devions payer le prix fort pour cela. (La plupart d'entre nous l'ont fait- le fait de pouvoir communiquer en privé avec nos proches en valait la peine.) Mais le «Green Bean Café», qui était essentiellement un Starbucks, disposait d'un accès Wi-Fi gratuit. Et si nous voulions utiliser le Wi-Fi à des fins éducatives, le camp offrait également des cours au collège et des services de bibliothèque.

Le centre de loisirs, « 11 Degrees North », proposait une piscine, des jeux de fléchettes et une table de ping-pong, ainsi que des animations nocturnes comprenant du karaoké et des DJ. La grande scène extérieure et l'immense patio en faisaient un lieu de prédilection.

Enfin, nous avions droit à deux boissons alcoolisées par jour. (Je ne bois pas d'alcool, je n'étais donc pas affecté par cette règle.) Nous pourrions acheter ces boissons à « 11 Degrees North » ou à « The Old Cantina », un lieu de rassemblement en plein air décontracté qui avait la réputation d'être l'endroit où «Les personnes plus âgées» traînaient.

Pas tous Wifi et Karaoké

La vie de déploiement est l'une des choses les plus difficiles que les membres des services et leur famille traversent. L'obligation de laisser tout le monde et tout derrière pour se rendre dans ces endroits étrangers et mener les activités militaires de notre pays exige beaucoup de caractère et de dévouement. Nous avons souvent recours à Internet pour rester en contact avec nos proches.

En parlant à des personnes qui ont participé à des déploiements précédents en Irak ou en Afghanistan, vous réalisez que cela vous épuise. De nombreuses personnes ont avoué que leurs relations s'étaient effondrées, que leurs enfants avaient grandi ou que des événements survenus pendant le déploiement avaient changé leur vie. D'un point de vue extérieur, donner votre vie à votre pays peut sembler très simple, mais la vie n'est pas facile. C'est comme donner un chèque en blanc à une personne et lui demander d'écrire le montant de son choix et de l'encaisser. Ainsi, quand je vois d'innombrables personnes le faire avec passion, je me sens toujours humble devant leur engagement.

Leaders inspirants

Durant mon séjour à Djibouti, j'ai eu le privilège de travailler avec et pour des personnes uniques. Beaucoup d'entre eux m'ont inspiré par leurs histoires de vie, leur éthique de travail, leur dévouement et leur force intérieure. Je suis fier d'avoir rencontré et appris de ces individus talentueux et uniques:

Major général Wayne Grigsby (Armée de Terre Américaine): Commandant de la Force opérationnelle multinationale interarmées dans la Corne de l'Afrique.

J'ai grandi au Togo où j'ai vu des officiers de l'armée se comporter d'une façon égoïste en raison de leur rang et de leur position. Mais j'ai vite compris qu'au sein des forces armées américaines, être officier n'était pas pour vous, mais pour votre pays et vos soldats. Le général Grigsby le personnifiait bien.

Tout d'abord, c'est un privilège unique pour tout sous-officier ou officier subalterne d'être en présence d'un général deux étoiles. Lorsque le Major-général Grigsby a voulu administrer mon serment professionnel, je ne pouvais tout simplement pas croire que le plus haut général de l'armée américaine sur le continent africain prenne du temps, malgré son agenda chargé, pour introniser quelqu'un comme moi.

Le général Grigsby a toujours eu un mot d'encouragement et de reconnaissance chaque fois qu'il voyait un groupe de soldats. Il s'assurait toujours que vous vous rendiez compte que quel que soit votre travail, vous étiez important pour la mission dans son ensemble. Il était toujours présent lors d'événements sportifs, de courses matinales, d'entraînements physiques et de nombreuses autres petites activités en poste. J'étais vraiment honoré d'apprendre de cet homme ce qu'un officier devrait être.

Le sergent Major de commandement Bonnie Skinner (Corps des Marines des États-Unis): La première fois où j'ai rencontré le Sergent Major de commandement Skinner, c'était lors de la préparation d'une mission au Burundi en novembre 2014. Elle m'a reconnu à peine dix minutes au moment de prendre une décision importante. Une fois Sgt.Major Skinner a découvert que je parlais français couramment, elle m'a immédiatement dit de me préparer pour la mission avec elle.

Sa confiance instantanée en moi a fait une première impression très positive. Je me suis interrogé sur une décision aussi rapide sans demander plus d'informations sur mes antécédents.

Plus tard, je lui ai posé la question et elle a répondu: « Sergent

Afetse, en tant que chef, vous êtes souvent appelé à prendre des décisions en fonction du peu d'informations dont vous disposez. Vous devez faire confiance à votre instinct. «

Sgt.Major Skinner est un professionnel et un dirigeant compatissant; mais vous ne souhaiteriez pas la croiser. Elle est connue pour sa discipline remarquable. Même si elle s'empresse de reconnaître un soldat pour ses efforts, elle n'hésitera pas à le mettre de côté s'il a foiré.

Au cours de notre voyage au Burundi, j'ai eu la chance de la voir en action à l'Académie des sous-officiers. Elle a été reçue avec une telle admiration et un tel enthousiasme partout où nous sommes allés. Elle a parlé avec éloquence à l'Académie des sous-officiers et au bal du Corps des Marines des États-Unis organisé par l'ambassade des États-Unis au Burundi.

Lorsque j'ai informé le Sgt. Major Skinner, que j'avais reçu ma commission direct en tant que Lieutenant, elle était ravie pour moi. Elle a même organisé une réception en mon honneur après mon serment professionnel. Son bureau a envoyé des invitations à divers bureaux du camp pour assister à cette cérémonie. J'étais vraiment à court de mots pour la remercier de tout ce qu'elle a fait. Elle était un chef de file exemplaire dont le mandat à Djibouti a montré comment un sous-officier supérieur peut diriger et inspirer des soldats de l'armée de terre, des soldats de marine, des aviateurs et autre membres du corps militaire. Je suis vraiment reconnaissant de l'avoir rencontrée.

Le sergent Rachel Julien (Armée de Terre Américaine): Le Sergent Julien était en charge de la responsabilité des nouveaux membres des services affectionnés au Djibouti. Elle a effectué un travail profond et de grande qualité, ce qui, à mon avis, l'emmènera à des postes plus importants dans sa carrière. Elle a fait de son mieux pour aider les membres du service qui avaient besoin d'aide. Elle a toujours assuré le suivi pour s'assurer que tout problème qui lui était présenté avait été résolu.

Elle se souvenait des anniversaires de ses coéquipiers et d'autres occasions spéciales. Et elle a toujours pris des initiatives pour célébrer ces événements au bureau ou à l'extérieur. Elle valorisait beaucoup son héritage trinidadien et ne manquait jamais l'occasion de partager la culture des Caraïbes avec nous. Je me souviendrai toujours d'elle comme une personne confiante, capable, créative, généreuse et gentille.

Le sergent-chef Will Buxton (Corps des Marines des États-Unis): Un mot me vient à l'esprit chaque fois que je pense à ce sergent-chef du Corps des Marines des États-Unis: intégrité.

Quand j'ai appris que j'allais partager mon UCV avec un autre membre de la branche, je ne savais pas à quoi m'attendre. J'ai entendu tellement d'histoires de personnes expérimentées sur le fait que le déploiement peut être génial ou misérable en fonction de la personne avec laquelle vous êtes logé. Mais sergent-chef Buxton était le meilleur compagnon de chambre que je n'ai jamais eu. Il m'a appris beaucoup de leçons sans même le savoir. La plus grande de toutes étant l'intégrité. Je l'ai observé un peu et j'ai admiré la façon dont il s'est comporté tout au long de son déploiement.

Par exemple, une nuit après une longue journée, j'étais allongée dans mon lit à regarder la télévision avant de m'endormir. Vers 23 heures, le sergent-chef Buxton, qui s'était endormi plus tôt, se réveilla et revêtit son uniforme. Je pensais qu'il devait aller travailler ce soir-là. J'ai donc été surpris quand il est revenu quinze minutes plus tard avec un sandwich Subway en main. Je lui ai demandé pourquoi il avait mis son uniforme à 23 heures s'il n'allait pas travailler et il m'a dit qu'il avait faim et qu'il voulait un sandwich. En voyant la confusion sur mon visage, il a souri et m'a parlé des Règles du Corps des Marines concernant l'uniforme sur la base.

Maintenant, notre UCV était à moins de 100 pieds de Subway, il était 23h00 passées et Buxton s'est réveillé affamé. Combien de personnes auraient ignoré les règles et se seraient contentées d'obtenir ce dont elles avaient besoin ? Au lieu de cela, Buxton a eu l'honneur de faire ce qu'il fallait, même si personne ne l'avait remarqué enfreindre les règles.

Buxton était discipliné et attaché à ses principes personnels et aux valeurs du Corps des Marines. S'il ne lisait pas la nuit avant de s'endormir, il parlait à sa famille. Il se levait tôt tous les matins pour parrainer des marines dans son programme d'arts martiaux. Il pratiquait le CrossFit et tous les autres sports auxquels je peux penser.

L'une des sept valeurs de l'Armée de terre est l'intégrité, définie comme «faire ce qu'il faut faire quand personne ne regarde.» Le sergent-chef Buxton vivait vraiment de cette valeur. Ainsi, j'ai entendu dire qu'il avait été choisi pour devenir officier, je ne pouvais être plus fier de lui. Il méritait à juste titre ce prochain niveau de leadership. Il allait définitivement de l'avant et je suis heureux de pouvoir l'appeler mon ami.

Lieutenant-colonel Richard Sonnenfeld (Armée de Terre Américaine): Mon seul mot pour le Lieutenant-Colonel est enthousiasme. Je suis presque sûr que tous ceux qui l'ont rencontré ou travaillé avec lui vous diront que ce Monsieur est un officier dévoué. Je l'ai rencontré pour la première fois lors de mon premier voyage au Burundi, alors qu'il travaillait à l'ambassade américaine. Il était plein d'énergie et passionné par son travail, se consacrant à tout ce qu'il faisait. Son zèle et son enthousiasme étaient contagieux. Des personnes comme le Lieutenant-Colonel Richard Sonnenfeld sont celles qui maintiennent notre organisation de l'armée en vie grâce à leur dévouement et à leur dévotion. Je suis très reconnaissant d'avoir connu ce grand officier.

Major Isaac «Ike» Bradlich (Armée de Terre Américaine): Engagement. Le major Bradlich était l'officier de liaison de la Force opérationnelle multinationale interarmées au Burundi. Il n'a jamais montré sa frustration avec quiconque ou quoi que ce soit. Le major Bradlich garderait un sourire sur son visage même quand rien ne se passerait comme prévu. Il restait toujours concentré et fixé sur ce qui devait être fait. J'ai été très impressionné par sa confiance et son attitude.

Colonel Todd Fox (Armée de Terre Américaine): Pas de bêtise. Durant mes fonctions de sous-officier responsable du Burundi, j'ai assisté à de nombreuses réunions d'information et de briefing. C'est lors d'un de ces briefings que j'ai vu le colonel Fox en action. Tous les membres de la Corne de l'Afrique de la Force opérationnelle multinationale interarmées savaient que le colonel Fox était un Monsieur sensé. Le colonel Fox était un officier très intelligent et articulé. Il savait ce qu'il fallait faire et il ne tolérerait pas les raccourcis. Si vous ne connaissiez pas bien vos données, il fallait rester à l'écart du colonel Fox, car c'est impossible de raconter du n'importe quoi à cet officier. Je suis heureux que ce type d'officier fasse partie de notre armée.

Colonel Connors (Armée de Terre Américaine): Visionnaire. Le colonel Connors était le commandant de la section à laquelle j'ai été affecté lors de mon déploiement. Il a créé la section juste avant que mon équipe n'arrive à Djibouti. Une chose que j'ai apprise de lui est qu'en tant que dirigeant, vous devez avoir une vision. Le colonel Connors savait où il voulait que notre section aille et savait comment nous le communiquer à tous. Il était très accessible et ne méprisait aucun soldat en fonction de son rang. Il traitait tout le monde avec respect.

J'ai eu l'occasion de travailler avec tellement de gens formidables que je ne saurais décrire en détail ici. Voici quelques autres que j'aimerais reconnaître:

- Sergent de première classe Christopher Ifill, Armée de Terre Américaine
- Le marinier Tachrece Barton, Marine Américaine
- Sergent Carina Reeve, Armée Britannique
- Le petit officier Alejandrina Rosser, Marine Américaine
- Le sergent Jessica Wolter, Armée de l'Air,
- Commandant Tom Radich, Marine Américaine
- Lieutenant Danny Theis, Marine Américaine
- Le Sergent- chef Demetrius O'Halloran, Marine Américaine
- Sergent-chef William Jones, US Navy
- Sergent Velma Wynn, Armée de l'Air Américaine
- Sergent Ian Dean, US Air Force
- Le sergent-major Claudell Taylor, de l'Armée de Terre Américaine,
- Lieutenant-colonel Joyce Craig, Armée de Terre Américaine,
- Lieutenant-colonel David Noteboom, Armée de Terre Américaine,
- Lieutenant-colonel Jared Cleary, Armée de Terre Américaine,
- Colonel April Thomas, Armée de Terre Américaine,
- Sergent Jamie Zierwick, Armée de Terre Américaine,
- Sergent d'état-major Kelly Rakus, Armée de Terre Américaine,
- Sergent Paul Labbe, Armée de l'Air Américaine
- Sergent de première classe Godwin Barely, Armée de Terre Américaine
- Sergent Alexander To, Armée de Terre Américaine,
- Sergent Manis, Armée de Terre Américaine,
- Le sergent Zielinski, Armée de l'Air Américaine.

À tous ceux qui ont marqué ma vie et mon expérience en Afrique lors de mon déploiement d'une manière ou d'une autre, même si je n'ai pas réussi à vous nommer ici, je vous dis merci. Que Dieu vous garde en sécurité dans votre service à notre nation, où que vous soyez. Nous ne pourrons peut-être plus jamais nous croiser, mais ce chapitre vous est dédié et je vous remercie pour votre service.

Au Département d'État

Au cours de mon déploiement à Djibouti, un de mes amis m'a parlé des possibilités d'emploi au Département d'État à Washington DC. Il m'a informé qu'il travaillait pour le Département d'État sur une base contractuelle. Et qu'il pourrait me recommander si je voulais y travailler, car j'avais les qualifications requises. Je lui ai répondu que mon rêve était de travailler pour le Département d'État et que je serais très reconnaissant s'il pouvait me recommander. Il l'a fait et, une fois de retour aux États-Unis, j'y ai commencé mon nouveau travail.

Je me suis consacré à ce travail au département d'État, sans cesser de chercher de meilleures opportunités, d'apprendre de nouvelles compétences, d'étudier et d'explorer de nouveaux domaines d'apprentissage afin de pouvoir être meilleur dans tout ce que je faisais. J'ai suivi divers cours d'informatique et approfondi mes connaissances dans ce domaine. Cette façon de penser et de faire les choses m'a ouvert de nouvelles opportunités et m'a permis de continuer à progresser.

Le Pentagone

J'aurais pu me contenter de mon ascension d'une cuisine de restauration rapide au département d'État; Cependant, je croyais toujours que je pouvais faire plus.

J'avais maintenant de nombreuses qualifications issues de mon éducation, de mon expérience dans l'armée et de ma vie en général. Le poste au Département d'État exigeait que j'apprenne un nouvel ensemble de compétences. Pour passer au niveau suivant, je devais continuer à apprendre.

Si occupé que j'étais, étant donné que je travaillais à plein temps, que je voyageais et que je prenais soin de ma famille, je consacrais mon petit temps libre à l'acquisition de compétences plus pointues auxquelles le marché était à la recherche. Étant donné que le succès est la rencontre entre la préparation et l'opportunité, j'ai finalement obtenu mon nouveau poste au Pentagone. Avec cela, mon âme sentait qu'il n'y avait vraiment aucune limite à ce que je pouvais faire et à jusqu'où je pouvais aller si je le désire réellement.

Je sais que mes lecteurs aimeraient avoir plus de détails sur mon travail au Pentagone, mais pour des raisons de sécurité, je dois être bref et vague. Je dirais simplement que je suis Ingénieur des bases de données affecté au département de la défense cybernétique.

Comme vous pouvez le constater, j'ai pris la décision dès le début de ne pas rester immobile dans ma vie professionnelle ou personnelle. Dans mon récit, les résultats confirment que l'application de certains états d'esprit ou de certains principes de vie produira indéniablement le résultat attendu.

Dans la deuxième partie de ce livre, je vais expliquer les principes que j'ai utilisés - et que j'utilise encore - pour obtenir tout ce que je souhaite vraiment. Je n'ai inventé aucun de ces principes; en fait, ils existent depuis toujours.

Ma recherche de réponses aux grandes questions de la vie m'a amené à ces lois et, lorsque je les ai appliquées, elles ont changé mon expérience sur cette terre. J'espère qu'elles feront la même chose pour vous.

PARTIE II: **Les principes**

Tout au long de mon parcours, j'ai appris et appliqué de nombreux principes que j'aimerais partager avec vous.

Inspiration Surprise

Jim Rohn, l'un des grands leaders dans le domaine du développement personnel, a déclaré: «Les choses ne se produisent pas juste, elles se produisent justement.» Qui savait qu'un tour dans un magasin d'aubaines non loin de chez moi à Silver Spring, Maryland, pourrait être un événement porteur de changement de vie ?

Je suis allé dans ce magasin un matin d'avril 2005 sans motivation particulière. En parcourant le rayon des appareils électroniques, je suis tombé sur mon tout premier livre audio sur le développement personnel: Brian Tracy, La Psychologie du Succès. J'ai pris les cassettes avec moi à la maison et dès que je les ai écoutées pour la première fois, j'ai su que ma vie ne serait plus jamais la même. Ce livre audio m'a ouvert les voies d'une nouvelle façon de penser et m'a appris une nouvelle approche concrète pour changer ma vie. La chose la plus surprenante à ce sujet est que cette connaissance qui a changé ma vie ne m'a coûté que quatre dollars.

Dans ma quête d'une vie meilleure, j'ai lu et étudié les travaux de nombreux experts en développement humain. Parmi eux figurent Earl Nightingale, Jim Rohn, Brian Tracy, Denis Waitley, Zig Ziglar, Les Brown, Tony Robbins et bien d'autres. J'ai fait de mon mieux pour leur donner crédit dans ce livre.

Ces personnes sont les mentors qui, sans le savoir, m'ont aidé à définir et à atteindre tous mes objectifs. Maintenant, je paye leur faveur à quiconque lira ces lignes - aujourd'hui ou dans de nombreuses années.

Dans ce livre, j'ai mentionné de nombreux principes et lois de l'univers. Je discute également de la manière dont leur application peut transformer nos vies. Cependant, je n'ai inventé aucune de ces idées et principes; J'ai simplement pris possession de ces idées et les ai appliqués à ma vie pour obtenir les résultats dont je profite aujourd'hui.

J'espère que mon histoire suscitera ou renforcera votre désir de vivre votre vie à votre façon.

J'espère que la deuxième partie de ce livre et mon histoire vous encourageront à aller plus loin en vous-même et à viser ce que vous voulez vraiment.

Mes remerciements sincères et sincères à tous ceux qui ont exercé et continuent d'exercer une influence positive dans ma vie.

La deuxième partie est la suite du récit de mon expérience de voyage aux États-Unis et de devenir citoyen américain. J'ai des sentiments forts et positifs pour ce grand pays et certains pourraient ne pas les partager pour des raisons liées à la politique, aux activités militaires ou à l'injustice sociale. Je peux respecter cela. J'admets la différence d'opinions et je lance un défi à chacun de faire sa part pour rendre ce grand pays meilleur.

CHAPITRE 6:
Principe 1: Votre attitude et votre philosophie

Une attitude positive de votre part a tendance à produire une attitude positive envers vous. —Deborah Day

En regardant en arrière dans ma jeunesse, je revois une personne très optimiste rêver de ce que je voulais de la vie. J'ai toujours rêvé devenir quelqu'un qui puisse avoir un impact positif sur les gens, même si je ne savais pas comment. Je ne sais pas où j'ai eu cette idée. Même enfant, j'ai toujours été le premier à proposer une alternative lorsque mes amis et moi nous retrouvions dans une situation qui semblait condamnée. Mon attitude et ma philosophie vis-à-vis de la vie étaient les suivantes: «La situation est meilleure quelque part, et c'est à moi de la trouver.» Je crois que mon espoir et mon optimisme m'ont permis de surmonter de nombreuses difficultés auxquelles je me suis toujours heurté.

Votre attitude peut être définie comme la façon dont vous vous sentez vis-à-vis des personnes et des situations que vous rencontrez. Premièrement, laissez-moi vous poser cette question: quelle est votre attitude vis-à-vis la vie? Quelle est votre attitude envers les personnes, les événements ou les situations auxquels vous vous trouvez confronté au quotidien?

Le philosophe et psychologue William James a déclaré: «La

plus grande découverte de ma génération est que les êtres humains peuvent changer leur vie en changeant leurs attitudes.» En un mot, votre attitude déterminera l'attitude de la vie envers vous ! Si vous vous réveillez en espérant que votre journée sera belle, peu importe ce qui se passera, vous aurez probablement une excellente journée.

C'est pareil pour la façon dont vous interagissez avec les gens. Si vous décidez de ne pas laisser leurs humeurs négatives ou leur point de vue pessimistes vous concerner, vous êtes déjà un gagnant. La vie est affaire de cause à effet, que vous l'acceptiez ou non. Pour chaque action, il y a une réaction égale. Pratiquement, les gens vont vous rendre ce que vous leur avez donné. Si vous n'avez jamais pensé à cela auparavant, je vous encourage à prendre du recul et à analyser votre conception de la vie.

Vous avez le pouvoir de contrôler votre attitude. Lorsque vous vous réveillez tous les matins, quelle est la première chose qui vous vient à l'esprit ? Vous dites-vous: «Ce sera une belle journée» ou laissez-vous votre esprit vous entraîner aux problèmes d'hier, en commençant votre journée par des sentiments négatifs ? Si vous vous rappelez que vous êtes en contrôle et que vous êtes consciencieux à propos de l'attitude que vous choisissez, vous passerez de meilleurs jours et une vie meilleure.

Très souvent, nous pensons à tort que d'autres personnes contrôlent nos réactions à diverses situations. Par exemple, si vous dites bonjour à un collègue avec un sourire sans rien obtenir en retour, votre réaction immédiate peut être de froncer les sourcils et de penser: «Qu'est-ce qui ne va pas avec cette personne?». Ou vous pouvez penser: « Qu'est-ce qui ne va pas avec moi pour que mon collègue ne sourit pas en retour ? » Si nous pensons que la non-réponse de quelqu'un est de notre faute, cela donne à l'autre personne le contrôle de nos réactions. Faire cela met l'autre personne en charge de la manière dont vous répondez aux situations déplaisantes. Reprenez votre pouvoir.

Aujourd'hui, engagez-vous à ne pas laisser les réactions des autres personnes affecter votre attitude à leur égard. Déterminez votre volonté de contrôler vos sentiments et vos émotions dans toutes les situations. Maintenez votre attitude positive. Chaque fois que vous rencontrez une personne ou une situation déplaisante, rappelez-vous simplement de vous poser cette question simple: «Pourquoi devrais-je laisser cette personne ou cette situation contrôler ce que je ressens?

Maintenant, je sais qu'il y a des moments tragiques dans la vie, comme le décès d'un être cher ou la perte soudaine d'un emploi. Ces moments exigent une réaction. Mais ces situations ne se produisent pas quotidiennement. En tout état de cause, vous devez vous entraîner à ne pas répondre négativement aux événements déplaisants. La meilleure façon d'améliorer votre attitude est de penser d'abord, puis de réagir ensuite.

Recherchez les lumières positives dans les événements sombres. Entraînez-vous à faire la distinction entre les choses qui sont sous votre contrôle et celles qui ne le sont pas. Une fois que vous êtes bon dans ce domaine, je vous promets que vous pourrez améliorer considérablement vos réactions face aux personnes et aux situations désagréables.

Y a-t-il quelqu'un dans votre vie qui est particulièrement doué pour penser avant de réagir? Tout le monde a besoin d'un modèle. Mon conseil est donc d'identifier une personne que vous souhaitez imiter et d'en apprendre le plus possible sur cette personne. Découvrez comment votre modèle est devenu qui il est et comment il a réussi à surmonter ces défis.

J'ai découvert de nombreux modèles depuis mon arrivée aux États-Unis. Parmi eux figure Jim Rohn, l'un des plus grands conférenciers de sa génération. Même s'il est né et a grandi dans l'obscurité dans une ferme du sud-ouest de l'Idaho, Rohn a surmonté des limitations tant éducatives, que sociales et financières pour se créer une vie bien définie, pour lui-même et pour sa famille. Et il a inspiré des millions de personnes à faire de même.

Votre Philosophie de vie

Deuxièmement, quelle est votre philosophie ? Comment concevez-vous la vie en général ? Quelle est votre opinion des gens ? Pensez-vous qu'ils sont généralement bons ou généralement mauvais ? Pensez-vous avoir votre place dans ce monde ? Pensez-vous avoir le contrôle de votre vie ou une autre personne est-elle responsable de vous ? Êtes-vous un prisonnier de vos propres pensées ou êtes-vous libre de tout type de servitude ?

Êtes-vous prompt à juger les personnes que vous venez de rencontrer, ou leur permettez-vous de vous montrer qui ils sont vraiment ? Que pensez-vous de la société en général ? Pensez-vous que les règles sociales sont truquées ? Croyez-vous au travail ardu ? Qu'en est-il des taxes ? Pensez-vous que les lois qui régissent la société agissent contre vous ou pensez-vous qu'elles sont justes ? Qu'en est-il de notre système éducatif ? Qu'en est-il de la religion ? Qu'en est-il de la vie et de la mort ?

Je pense que vous voyez où je veux en venir. Peut-être avez-vous déjà réfléchi à ces grandes questions, ou peut-être pas. Mais ce que je veux dire, c'est que votre philosophie repose sur ce que vous savez à partir de ce que vous avez entendu de vos parents, de vos professeurs, de chefs religieux, d'amis, des médias, etc. Nous avons tous notre propre philosophie de la vie, et ma philosophie pourrait être totalement différente de la vôtre. C'est ce qui rend chaque personne unique. Mais il est crucial que vous examiniez la vôtre pour savoir où vous en êtes en ce qui concerne ces importantes questions de la vie. Votre philosophie déterminera où vous vous retrouverez dans votre vie. Assurez-vous que vous construisez une bonne base.

Ma philosophie personnelle est que la vie est deux pas en avant et un pas en arrière. Cette compréhension m'a aidé à avoir une vue d'ensemble dans toutes les situations.

Par exemple, la déception fait partie de la vie que nous vivons tous. Les gens que nous aimons vont nous quitter ou nous trahir. Nous ne pourrons pas réaliser tous les objectifs que nous souhaitons vraiment et les réalisations pour lesquelles nous avons travaillé pendant des années deviendront soudainement insatisfaisantes. Peu importe la hauteur de notre ascension, nous voudrons toujours monter plus haut.

Je pense que les gens sont fondamentalement bons. Cependant, tout le monde est égoïste dans une certaine mesure. Oubliez l'idée que vous pouvez obtenir quelque chose gratuitement dans cette vie. Tout le monde veut gagner quelque chose. Il n'y a pas de point dans votre vie où vous vous parviendrez et vous direz «maintenant que je suis arrivé, je peux être heureux». L'essentiel est que la vie est un défi et qu'elle change constamment. Il ne sert à rien de chercher une vie facile. Si vous refusez de vous considérer comme une victime des circonstances et si vous prenez la responsabilité de tout ce qui vous arrive, vous constaterez que le succès et la satisfaction sont plus faciles à trouver.

Je me considère comme responsable de ma condition de vie. Oui, je n'ai pas choisi le lieu de ma naissance ni celui de mes parents, mais je suis devenu responsable de ma vie quelque part au fil du temps. Je pense que mon environnement, mes amis, ma maison, ma voiture, mes vêtements et mon travail sont tous des reflets de mon travail et de mes réalisations.

Alors, prenez en charge vous-même et tout dans votre vie. Examinez votre attitude et votre philosophie. Prenez le temps de réfléchir. Refusez de donner à quiconque le pouvoir de vous rendre malheureux ou de vivre selon ce qu'il ou elle pense.

Votre attitude et votre philosophie à l'égard de la vie détermineront votre destination. Sachez que vous êtes aux commandes ! Commencez aujourd'hui avec une nouvelle attitude. Et regardez comment les gens reflètent ce que vous projetez. Si, occasionnellement, vous entrez en contact avec une personne ou une situation désagréable, retirez-vous de la et continuez à bouger. Ne cédez pas à leurs misères; vivez votre vie à votre façon.

CHAPITRE 7:
Comment atteindre Vos Objectifs et Votre Imagination

Fixer des objectifs est la première étape pour transformer l'invisible en visible. —Tony Robbins

Ce chapitre est sans doute le plus important de tout ce livre. S'il n'y a qu'une seule chose que vous puissiez tirer de tout ce livre, faites-en sorte que ce soit ce chapitre. La fixation d'objectifs a complètement changé ma vie, me permettant de faire plus en très peu de temps que la plupart des gens en font au cours de toute une vie.

L'un des plus gros échecs de notre système scolaire est que vous pouvez partir de la maternelle au doctorat, sans jamais recevoir d'instruction sur la fixation d'objectifs. Ceci est un fait et pourtant ce qui est vrai c'est que se fixer des objectifs est essentiel pour tout réaliser dans la vie. Si vous ne savez pas ce que vous voulez ni où vous voulez vous rendre, il sera très difficile, voire impossible, d'y arriver.

Jusqu'à mon arrivée aux États-Unis, je ne savais pas que vous pouviez planifier votre vie sur papier car j'ai grandi dans une société où « tout est dans les mains de Dieu ». Je ne savais pas que la fixation d'objectifs était une science dont vous pourriez vous servir pour faire produire des choses, pour vous, votre famille ou votre entreprise.

La plupart des gens vivent d'après ce que j'appelle la « théorie des doigts croisés ». Ils espèrent trouver leur chemin dans la vie, mais ne vont nulle part en même temps, car ne prenant jamais le temps de se fixer de véritables objectifs. L'espoir n'est pas une mauvaise chose en soi, mais l'espoir n'est pas une stratégie, et l'espoir sans action est une illusion.

Lorsque j'ai commencé à me fixer des objectifs, ma première préoccupation était de savoir comment transformer ce que je venais d'écrire sur papier en réalité. Vous vous posez probablement la même question chaque fois que vous pensez accomplir quelque chose de nouveau. La réponse se trouve dans votre : imagination et action ! Je vais y accorder une réponse ci-dessous, mais avant, permettez-moi de vous faire savoir que votre première étape en ce qui concerne la réalisation de quoi que ce soit, consiste à déterminer ce que vous voulez et de l'écrire sur papier dans votre agenda.

Lorsque je repense à mon passé, je me rends compte que j'avais inconsciemment utilisé la fixation d'objectifs, l'imagination et l'exécution pour obtenir le visa indispensable pour me rendre aux États-Unis. À partir du moment où je suis devenu fasciné par les États-Unis d'Amérique, j'étais déterminé à trouver un moyen d'y parvenir. Toutefois, comment allais-je m'y prendre pour le faire se produire ? Je n'en avais aucune idée.

Néanmoins, je l'ai mentionné dans mon journal intime sous la rubrique « vœux pieux ». De temps en temps, je prenais mon journal et je me mettais à fantasmer à propos de mon rêve. Après avoir obtenu mon diplôme de baccalauréat au lycée, je suis me suis rendu à l'ambassade des États-Unis pour poser des questions sur les conditions à remplir afin d'effectuer ce voyage de rêve. Ensuite, je suis retourné à mon journal où j'ai reporté toutes les informations qui m'avaient été communiquées. Pour couper court, je suis passé à l'action. Et vous connaissez le reste de l'histoire.

Comme je n'avais pas encore réalisé à l'époque que je pouvais me servir méthodiquement de cette stratégie pour obtenir toute chose de la vie, j'avais rechuté dans mes anciennes façons de penser et d'agir. Ce n'est que ce matin fatidique d'avril 2005, lorsque j'ai acheté mon premier livre audio, la Psychologie du succès, de Brian Tracy, que mes yeux se sont ouverts quant à l'importance de se fixer des objectifs.

À partir de ce moment-là, je me suis fixé des objectifs: apprendre l'anglais, me faire de meilleurs amis, trouver un nouvel emploi, obtenir la citoyenneté américaine, obtenir un diplôme universitaire et économiser de l'argent. Je voulais aussi fonder une famille, être en bonne condition physique, acheter la voiture de mes rêves, acheter une maison, devenir officier de l'armée, devenir auteur... La liste est longue. Je me suis fixé des objectifs pour les trois, cinq et dix prochaines années et plus. J'ai des objectifs pour chaque mois et chaque année.

Je suis un fervent partisan de la fixation d'objectifs. Je sais qu'écrire vos objectifs et les placer à un endroit où vous pouvez les voir peut faire la différence entre le succès et l'échec. Pour m'aider à garder mes objectifs personnels à l'avant-plan de mon esprit, je les écris sur de petites cartes de visite et les garde dans mon portefeuille. Je les garde aussi dans ma voiture, là où je peux les voir. Ces cartes simples exposent mes objectifs les plus importants à première vue.

La vie devient très intéressante, lorsque vous avez des objectifs à atteindre. Voici comment vous devez procéder:

1. Décidez qui vous voulez devenir.

2. Asseyez-vous et faites une analyse complète et précise de votre vie. Où en êtes-vous dans votre vie personnelle, votre famille, vos finances, votre carrière, votre vie amoureuse, etc. Soyez tout à fait honnête avec vous-même. Notez tout.

3. Posez-vous ces questions: Si vous n'aviez aucune limite, que feriez-vous ? Avec qui voulez-vous partager votre vie ? De

combien d'argent avez-vous besoin pour vous simplifier la vie ? Où vous voyez-vous en train de travailler ? Que voulez-vous faire de votre vie ? Plus vous élaborez des détails à propos de chaque sujet, mieux cela vaut. Ne vous inquiétez pas de la façon dont tout cela va se passer. Laissez-vous aller et écrivez tout sans vous soucier de comment cela va se passer.

4. Pensez à votre vie dans son ensemble, comme si vous étiez l'architecte en train de déterminer quels matériaux utiliser pour un bâtiment ou quelle maison sera achevée.

5. Ensuite donnez la priorité à tout ce qui est sur votre liste, du plus important au moins important. Cela vous aidera à identifier les actions à prendre en premier et pourquoi. Par exemple, si vous voulez un meilleur emploi, vous aurez probablement besoin d'un diplôme, d'un certificat ou d'une formation.

6. Créez un plan. Ce plan peut couvrir des semaines, des mois ou des années en fonction de vos objectifs. Par exemple, si vous souhaitez apprendre une nouvelle langue, votre plan pourrait être d'acheter Rosetta Stone et d'étudier une heure tous les mardis et jeudis.

7. Définissez clairement pourquoi vous vous fixez ces objectifs. La clarté visuelle est très puissante. Les meilleurs athlètes, politiciens, acteurs et autres utilisent la visualisation. Ça marche.

8. Engagez-vous à suivre votre plan.

Vos objectifs vous guideront à travers tous les changements qui surviendront dans votre vie. Avez-vous rencontré un capitaine d'avion ou de navire qui ne savait pas exactement où il se rendait ni comment il devait s'y rendre ? C'est impossible. L'équipage de chaque avion dans le ciel ou tout navire en mer peut vous faire savoir sans hésitation, quelle est leur prochaine destination. Vous êtes le capitaine de votre propre vie.

Pour aller quelque part, vous devez définir cette destination dans votre esprit, la consigner par écrit (sur papier) et vous engager à vous y rendre. Quand je parle d'objectifs, je ne parle pas de rêveries. Les objectifs sont des cibles visées que vous pouvez travailler à atteindre. Vos objectifs sont les principes directeurs à partir desquels vous bâtissez et réaliser votre avenir. Si vous n'avez jamais défini d'objectifs, ces nouvelles connaissances vont révolutionner votre vie.

Ensuite, en intégrant un peu de discipline à votre routine quotidienne, vous pouvez commencer à atteindre vos principaux objectifs. Après tout, comme le disait Lao Tzu, «un voyage de mille kilomètres commence par le premier pas».

Passez en revue vos objectifs au quotidien, par semaine et mensuellement pour voir votre progression. Reconnaissez qu'il y aura des revers, des déceptions, des retards et des défaites temporaires. Mais soyez résolu à ne jamais abandonner.

La vie n'est pas un long fleuve tranquille. Son parcours est fait de hauts et de bas. Vous devez par conséquent planifier vos retours en force après chaque revers. Ajustez votre attitude conformément à cette donnée et ne traitez pas vos refus temporaires comme des échecs permanents. Fixez-vous des objectifs qui vous mettront au défi, vous exciteront et vous motiveront.

N'oubliez pas que vous ne faites concurrence à personne, prenez donc le temps de créer. Ne soyez pas pressé - soyez patient et laissez le temps prendre soin de vous. Il ne suffit pas de parler de vos objectifs. Vous devez les avoir mentionnés par écrit et élaborer un plan pour les atteindre. Un objectif sans plan est une pure illusion.

Votre avenir meilleur l'est pour vous et votre famille, mais vous devez d'abord créer cet avenir dans votre esprit. Où voulez-vous

vous rendre ? Que voulez-vous devenir ? Sans rêves ni visions, les gens périssent.

Lorsque vous devenez une personne orientée vers ses objectifs, cela ne signifie pas que tout le monde autour de vous sera favorable à ce que vous projetez d'atteindre. Au contraire, votre première bataille pour atteindre un nouveau niveau commencera dans votre environnement immédiat. Le doute personnel, les parents négatifs, les amis cyniques et les collègues qui n'y croient pas feront de leur mieux pour vous dissuader de ce que vous proposez.

Concentrez-vous sur la grande image. Décidez ce que vous voulez. Acceptez le prix que vous allez payer pour l'atteindre. Vous devrez faire des sacrifices, car vous ne pouvez pas vous concentrer sur cent choses à la fois.

Obsession, obsession, obsession ! Vous devez être obsédé par vos objectifs et soutenir votre plan avec la foi et la détermination. Recherchez des personnes qui ont accompli ce que vous essayez de réaliser. Posez des questions. Lisez des livres. Écoutez des émissions ayant trait à la fixation des objectifs. Soyez flexible mais ferme. Adaptez-vous, surmonter les difficultés et réalisez-vous.

Vos propres paroles

Ce n'est pas ce que les autres ont dit de vous qui compte, mais ce que vous dites de vous-même. —T.J. Jakes

Ce que vous dites à propos de vous-même est très puissant, alors surveillez vos paroles tout le temps, car elles créent votre réalité. Ne dites jamais rien de négatif et ne permettez à personne de dire des choses négatives à propos de vous en votre présence. (Tout ce qui est dit dans votre dos n'a aucune importance.)

Éloignez-vous des critiques destructives, car elles ne vous aident pas. Et gardez vos objectifs pour vous. Nous avons tendance à penser que lorsque nous partageons nos objectifs, les autres nous demanderont des comptes et nous aurons plus de chances de réussir. Derek Sivers dit qu'il est préférable de garder ses objectifs secrets. Il présente des recherches qui remontent aux années 1920 pour montrer pourquoi les gens qui parlent de leurs ambitions risquent moins de les atteindre. Ainsi, tout comme la graine doit être enfouie dans le sol pour pouvoir pousser, vos objectifs doivent être protégés contre les influences extérieures négatives qui pourraient les détruire.

Vous êtes la synthèse des relations que vous entretenez, alors choisissez bien vos amis. Votre cercle d'amis vous influencera de manière positive ou négative. Éloignez-vous des mentalités négatives. Tout comme vous avez besoin d'aliments sains pour nourrir votre corps, vous avez besoin de protéines mentales saines pour nourrir votre esprit.

Vos actions

Se fixer des objectifs n'est qu'un côté de la médaille. Pour concrétiser vos objectifs, vous aurez besoin d'un plan et d'actions. Vous pouvez passer votre temps à mettre vos objectifs sur papier et à rédiger de très bons plans; cependant, ce n'est qu'une partie du travail. Vous devez agir sur vos plans.

Si votre objectif est de perdre du poids et que vous devez vous rendre à la gym deux fois par semaine et manger des aliments sains, vous êtes sur la bonne voie. Mais tant que vous n'allez pas à la gym ou que vous n'apprenez pas à cuisiner des repas santé, rien ne se passera.

Vous pouvez étudier votre objectif et votre plan toute la journée, mais vous n'atteindrez jamais le poids souhaité jusqu'à ce que vous

vous mettiez à bouger. Il n'y a pas moyen de contourner cela.

Lorsque je me suis fixé pour objectif de devenir officier de l'armée, je n'avais même pas de diplôme universitaire. Je savais que je devais retourner à l'université, m'inscrire aux cours, parler aux conseillers, acheter du matériel scolaire, assister aux cours, faire mes devoirs, étudier et passer mes tests semestre après semestre jusqu'à l'obtention de mon diplôme. Ensuite, j'ai dû examiner le processus pour devenir officier et choisir mes prochaines étapes en fonction de ma situation à l'époque. Il n'y a pas d'approche unique pour fixer vos objectifs et les atteindre. Vous êtes obligé de concevoir votre propre plan et d'agir en conséquence.

Affronter les revers

Au cours de cette quête de vos rêves, vous rencontrerez des pièges que vous devrez surmonter si vous voulez réussir.

Le tout premier piège étant que tout ce que vous désirez dans votre vie ne sera pas à vous. Vous allez faire face à des défis et des difficultés. Vous ferez l'expérience de revers, de rejets et de nombreuses défaites temporaires. Ne vous découragez pas lorsque ces moments arrivent. Ce que vous devez faire c'est sauvegarder chaque plan que vous avez avec persistance. Engagez-vous à ne jamais abandonner vos objectifs.

Votre persistance reflète votre confiance en votre capacité à réussir. Les choses ne se dérouleront pas toujours comme vous le souhaitez. N'oubliez pas que vous devez garder le cap si vous croyez vraiment à la réalisation de vos objectifs. Il est bon de réviser vos plans et de changer vos actions, mais n'abandonnez pas vos objectifs.

Enfin, chaque fois que vous rencontrez une impasse, revenez à la raison pour laquelle vous vous êtes fixé l'objectif en question. C'est la force de motivation la plus puissante derrière chaque objectif que vous vous fixez. Pourquoi faites-vous ce que vous voulez accomplir ? Pourquoi avez-vous décidé de terminer vos études universitaires ? Pourquoi avez-vous décidé de chercher un nouvel emploi ? Pourquoi voulez-vous être en bonne santé ? Pourquoi avez-vous rompu cette relation ? Revenez à cette raison et je peux vous promettre que vous trouverez la force de relever tous les défis qui pourraient se présenter à vous.

Je ne peux même pas me rappeler combien de fois dans ma vie j'ai été rejeté ou que j'ai entendu :"NON !", que ce que j'essayais d'accomplir n'était pas possible. Si j'avais écouté ces gens, je ne pense pas que j'aurais eu le privilège de vous parler aujourd'hui.

Par exemple, lorsque j'ai terminé mes études et que je voulais devenir officier de l'armée, j'ai parlé à un recruteur. J'étais enthousiasmé par mon objectif, mais après une brève discussion, il m'a fait savoir qu'il n'était plus possible pour moi d'aller à l'école des officiers candidats. Selon lui, j'étais trop âgé. Lorsque je lui ai demandé s'il y avait un autre moyen de devenir officier, il m'a répondu que c'était malheureusement impossible.

Au début, j'ai été profondément déçu. Cependant, je suis rentré chez moi et j'ai fait une recherche sur Google. J'ai découvert le programme de commission directe mis en place par l'armée de réserve. J'ai envoyé des courriels à une liste de recruteurs que j'ai trouvé sur Internet. Sur douze courriels envoyés, j'ai reçu une réponse. Ce courriel provenait du recruteur de la Caroline du Sud qui m'a aidé à mener à bien le processus.

Lorsque je me suis fixé comme objectif de venir en Amérique, ma demande de visa a été rejetée à trois reprises. Ils ont dit que je n'étais pas qualifié. Cependant, de 2001 à 2004, pas une seule année ne s'est écoulée sans que je ne soumette une nouvelle demande. Mon plan initial, qui consistait à obtenir mon visa à l'âge de vingt et un ans et à commencer ma nouvelle vie en Amérique, a rapidement été dépassé.

Mais après ce contretemps, j'ai modifié ce plan et continué à me rendre à l'ambassade jusqu'à l'obtention du visa.

Je vous conseille de prendre le temps de savoir ce que vous voulez accomplir. Ensuite, consacrez le reste de votre vie et tous vos efforts pour y parvenir. La vie est une affaire très sérieuse et vous ne pouvez la vivre qu'une fois. Arrêtez d'essayer d'accomplir des millions de choses en même temps. Concentrez-vous et vous verrez des résultats.

Vous n'aurez jamais l'énergie nécessaire pour effectuer tout ce que vous voulez dans votre vie, mais vous en aurez assez pour accomplir les choses nécessaires. Faites-en sorte que votre vie compte en vous fixant des objectifs importants. En les réalisant un à un, vous vous rendrez vite compte que vous gagnez le jeu de la vie.

Imagination

La dernière chose dont je veux parler dans ce chapitre est votre imagination. Comment utilisez-vous ce cadeau puissant que Dieu vous a donné? L'utilisez-vous comme votre allié ou le laissez-vous vous perdre? Robert Collier a déclaré un jour: « Les grands hommes du monde qui ont réussi sont ceux qui ont su utilisé leur imagination ! Ils pensent à l'avenir et en créent image mentale dans tous ses détails, en y ajoutant un peu, en modifiant un peu, mais progressivement, sans cesse. »

Pour créer ce que vous voulez, vous devez d'abord l'imaginer ! Pensez à votre vie aujourd'hui. Pouvez-vous dire que votre situation actuelle - ou du moins une partie de celle-ci - est le résultat de quelque chose que vous avez imaginé ? Si vous ne le réalisez pas, votre imagination est d'une capacité sophistiquée que vous pouvez utiliser pour apporter tout ce que vous désirez vraiment dans votre vie. Ce n'est rien de mystique; cela fait partie de vous.

Tout ce que nous voyons aujourd'hui autour de nous est venu de l'imagination de quelqu'un. Que ça soit une voiture, une maison, un avion, un bateau ou tout autre chose que nous voyons autour de nous. Arrêtez-vous un instant. Pensez-y.

La vie que vous essayez si durement de réaliser doit d'abord être conçue et nourrie dans votre imagination. Quand je demande à des connaissances ce qu'elles désirent dans la vie, je suis presque toujours surpris d'apprendre qu'ils /elles veulent juste être riches et heureux(ses). Nous désirons tous être riches et heureux, mais ce désir est trop vague. Vous devez être capable d'envisager de manière vivante chaque aspect de la vie que vous désirez vraiment vivre, de votre environnement à vos relations en passant par votre carrière. Envisagez-les pleinement dans votre esprit, puis imaginez-vous vivre cette vie encore et encore jusqu'à ce que vous le croyiez.

Votre imagination est l'aperçu de la vie que vous désirez vivre. Si votre imagination n'est pas assez claire sur les détails de cette vie, la frustration et la confusion sont les résultats garantis.

Bien des fois, j'ai remporté bien des victoires grâce à mon imagination bien avant que les résultats recherchés ne se matérialisent. Je ne peux pas vous dire combien de fois je me suis assis pendant vingt ou trente minutes par jour et imaginé la personne que je voulais devenir, le type de voiture que je voulais conduire, les endroits où je voulais aller et ce que je voulais accomplir.

Il ne suffit pas de faire cet exercice une fois et de laisser tomber. Prenez l'habitude de faire cela jour après jour jusqu'à ce que cela devienne une partie de vous. Utilisez vos pensées pour créer votre avenir. Permettez-vous de rêver. Il n'y a rien à craindre. Laissez aller votre esprit. Profitez-en pour imaginer.

Vous devez changer votre état d'esprit de : "je ne peux pas ..." à : "je peux..." Comment y parvenir ? En lisant des livres positifs, en regardant des vidéos qui vous motive et en écoutant des discours motivants et inspirants. Si vous n'avez pas le temps, allez sur YouTube et cherchez simplement des vidéos - il y en a des milliers. D'après mon expérience personnelle, il faut en moyenne vingt et un jour pour créer de nouvelles habitudes. Alors, créez de nouvelles habitudes et laissez-les vous conduire. Vos habitudes vont forger votre nouveau destin. Tout est dans votre imagination, et c'est à vous de penser et de croire. Alors et seulement alors vos désirs se matérialiseront. Les gens ont l'habitude de dire : « Je croirais quand je verrais de mes propres yeux », mais la vérité est que : vous verrez si vous croyez d'abord.

Enfin, votre imagination doit être cohérente. Pour être efficace, vous devez vous concentrer sur une chose à la fois. Vous ne pouvez pas efficacement faire produire du nouveau dans votre vie, si vous n'êtes pas concentré. Par conséquent, prenez le temps de préciser votre objectif principal. Soyez implacable en ce qui concerne la poursuite de votre objectif dans votre imagination.

Cela doit devenir votre seul objectif jusqu'à ce que vous le rendiez réalité. Je suis stupéfait de voir comment les gens vous parleront de leur objectif ou désir le plus important aujourd'hui et s'efforceront d'obtenir quelque chose de complètement différent le lendemain.

Bâtir une vie réussie est semblable à la construction d'une maison : il faut le faire brique par brique selon un ensemble d'instructions très spécifiques. Lorsque je repense à ma vie, ce principe a guidé la plupart de mes réalisations et me permet actuellement de bâtir mon avenir.

Je terminerai ce chapitre par certaines des citations qui m'ont inspiré pour forger mon destin :

> *Si la plupart des gens n'atteignent jamais leurs objectifs, c'est qu'ils ne les définissent pas ou ne les considèrent jamais sérieusement comme crédibles ou réalisables. Les gagnants peuvent vous dire où ils vont, ce qu'ils envisagent de faire en cours de route et qui fera partie l'aventure avec eux.* —Denis Waitley

Vous devez vous fixer des objectifs qui sont presque hors de portée. Si vous vous fixez un objectif réalisable ne nécessitant pas trop de travail ni de réflexion, vous vous trouvé coincé à un niveau moindre que votre talent et votre potentiel véritables. —Steve Garvey

En consignant vos rêves et vos objectifs sur papier, vous mettez en branle le processus pour devenir la personne que vous voulez être le plus. Placez votre avenir entre de bonnes mains, les vôtres. —Marque Victor Hansen

Je pense que l'imagination est au cœur de tout ce que nous faisons. Les découvertes scientifiques n'auraient pas eu lieu sans imagination. L'art, la musique et la littérature ne pourraient exister sans imagination. Ainsi, tout ce qui renforce l'imagination, et la lecture le fait certainement, peut nous aider pour le reste de nos vies. —Loyd Alexander

Nous sommes ce que nous prétendons être, nous devons donc faire attention à ce que nous prétendons être. —Kurt Vonnegut

L'imagination est tout. C'est l'aperçu des prochaines attractions de la vie. —Albert Einstein

Je crois que l'imagination est le passeport que nous créons pour nous emmener dans le monde réel. Je crois que l'imagination est une autre expression de ce qui nous est unique. —John Guare,

L'imagination nous mènera souvent dans des mondes qui n'ont jamais existé, mais sans elle, nous n'allons nulle part. —Carl Sagan

CHAPITRE 8:
Votre temps

ALe temps est la pièce de monnaie la plus précieuse de votre vie. Vous et vous seul déterminerez comment cette pièce sera dépensée. Veillez à ne pas laisser autrui la dépenser pour vous. —Carl Sandburg

Bryan Tracy a déclaré, et je suis totalement d'accord, que «la gestion du temps, c'est la gestion de la vie». Chaque jour représente une petite partie de votre vie sur Terre. Que vous soyez riche ou pauvre, tout le monde a vingt-quatre heures par jour et 365 jours par an (sauf les années bissextiles, durant lesquelles vous obtenez une journée supplémentaire).

Comment vous disposez de votre temps déterminera jusqu'où vous irez dans la vie. Il y a tellement de distractions dans le monde où nous vivons. De la télévision aux médias sociaux, jamais dans l'histoire de l'humanité, avons-nous été exposés à autant d'informations à chaque seconde de la journée. Avec nos smartphones et tablettes, nous avons à portée de main tout le monde de l'information, du divertissement et de la distraction, ce qui rend très difficile la concentration. Nous sommes devenus le sujet de la « pensée de masse » et nous prenons rarement le temps de discuter de quoi que ce soit avec soin. Au lieu de cela, nous passons des heures à faire défiler et à cliquer sur tout ce qui attire notre attention à l'instant.

Nous sommes constamment bombardés de suggestions et notifications. Lorsque nous vérifions nos téléphones, des tâches qui pourraient nous prendre quinze minutes s'étendent sur deux heures ou plus. Nous ne pouvons pas nous concentrer pendant cinq à dix minutes sans interruption. Cela nous fait perdre notre temps précieux sans que nous nous en rendions compte.

Si vous voulez aller loin dans votre vie, vous devez vous concentrer et rendre compte de chaque heure de votre journée. Vous devez définir un temps sans distraction pour vous concentrer sur vos activités principales.

Votre vie reflétera la façon dont vous utilisez votre temps. Toute votre existence est composée d'années, de mois, de semaines, de jours, d'heures, de minutes et de secondes, et les minutes, les heures, les jours, les semaines, les mois et les années que vous gaspillez ne peuvent jamais être récupérées. Ainsi, chaque fois que vous remettez à plus tard cette éducation, vous savez que vous avez besoin, chaque fois que vous remettez à plus tard d'aller au gymnase et que vous remettez à plus tard tout ce que vous devez faire pour obtenir cette promotion ou autre chose qui vous est important, vous vous blessez.

Le sommeil et le travail occupent plus de la moitié de la journée. Selon l'endroit où vous vivez et travaillez, votre trajet pour vous y rendre peut-être court ou long. Vous prenez le temps de vous préparer pour aller au travail, de manger et de bien faire d'autres choses. Chacune de ces activités égraine votre temps.

Ensuite, après le travail, ce qui gaspille le plus le temps, c'est la télévision. Une étude récente a révélé que, dans le ménage américain moyen, la télévision est allumée sept heures par jour. C'est comme passer quatre mois par an à ne regarder que la télévision !

Ne pourriez-vous pas utiliser ce temps pour faire quelque chose de productif ? Chaque fois que vous allumez votre téléviseur, demandez-vous qui vous préférez être: la personne de l'autre côté de l'écran, qui gagne de l'argent et profite de sa vie, ou la personne qui perd son temps à regarder à travers le petit écran ?

Je ne préconise pas que vous vous débarrassiez complètement de votre téléviseur. Mais si vous êtes comme moi et que vous faites de votre mieux pour aller loin dans la vie, vous devez utiliser votre temps intelligemment. Si vous n'êtes pas ce que vous voulez devenir dans la vie, vous n'avez pas de temps à perdre. Rappelez-vous qu'il n'y a pas assez de temps pour faire tout ce que vous voulez, mais suffisamment pour faire les choses les plus importantes. Une fois que vous avez identifié ce que vous devez faire, vous ne pouvez plus vous permettre de perdre du temps.

La deuxième chose dont je veux parler est la procrastination. C'est une maladie qui doit être traitée comme telle. L'essentiel est que vous devez prendre le contrôle de votre temps. Faites ce que vous devez faire maintenant et ne repoussez rien de ce qui doit être fait à plus tard. Vous devez développer un sentiment d'urgence pour faire avancer les choses. Une fois le temps écoulé, vous risquez de ne jamais vous rattraper.

Voici quelques conseils pour mieux utiliser votre temps:

1. Notez chaque jour votre liste de choses à faire.

2. Demandez-vous: "Si je ne pouvais faire que trois choses aujourd'hui, que devraient-elles être?"

3. Concentrez-vous sur la liste et ne poursuivez aucune activité n'y étant pas inscrite.

4. Priorisez toutes vos activités.

5. Posez-vous toujours la question suivante: « Quelle est la meilleure façon d'utiliser mon temps à l'heure actuelle ? »

6. Planifiez votre temps de loisir et assurez-vous de prendre le temps de vous détendre et de mener des activités amusantes.

7. Utilisez votre calendrier personnel et regardez toujours devant vous.

8. Soyez une personne soucieuse du temps.

9. Enfin, une fois que vous avez fait ce qui est important et nécessaire pour que votre vie aille dans la direction de votre choix, vous pouvez regarder votre émission préférée avec frénésie et faire défiler votre page Facebook.

10. Votre temps est votre vie, gérez-le bien.

CHAPITRE 9:
Le succès: comment le définissez-vous ?

Le succès signifie faire de son mieux avec ce qu'on a. Le succès est du domaine du :"faire" et non de l'"obtenir"; dans l'essai, et non le triomphe. Le succès est une norme personnelle, qui vise à atteindre le plus haut qui soit en nous et qui devient tout ce que nous pouvons être.
—Zig Ziglar

Je suis déjà tombé sur de nombreuses définitions du succès mais celle qui m'a plus marquée est celle de Earl Nightingale, icône américaine du développement personnel, a déclaré: « Le succès est la réalisation progressive d'objectifs louables. » Prenez quelques secondes pour relire cette définition.

Je ne sais pas comment vous définissez le succès ou ce que cela signifie pour vous, mais cette définition résume ma conviction. Pour beaucoup, cependant, le succès est synonyme d'argent, de célébrité et de rien d'autre. Une vision étroite du succès mène souvent à une vie de désespoir et de désolation.

Nous sommes bombardés par la vie glamour véhiculée par la télévision, le cinéma, la pub et d'autres médias qui essaient de définir le succès pour nous. Il est désormais facile de se perdre dans tous ces paillettes et glamour.

Je suis le premier à admettre que je suis tombé sous le charme de cette définition glamour du succès. Je pensais que tout tournait autour de l'argent et de la gloire. Mais ensuite, j'ai effectué plus de recherches sur le sujet. C'est alors que j'ai réalisé qu'il était possible de réussir sans avoir des millions de dollars, être à la télévision ou être célèbre. Plus je lisais la définition précédente d'Earl Nightingale, plus elle me paraissait logique.

La vie vécue selon une raison de vivre est une vie réussie, alors ayez un but pour votre vie. Vous vivez une vie réussie lorsque vous réaliser ce que vous avez planifié d'accomplir. Maintes et maintes fois, nous avons tous regardé la vie à travers l'objectif de la réalité virtuelle et des fantasmes dérivés de la télévision et des films. Parfois, nous avons l'impression que, jusqu'à ce que nous possédions une BMW, une Mercedes-Benz, une Bentley et une Jaguar, nous n'avons pas réussi. Nous avons adopté l'idée que posséder rien de moins qu'une maison de douze chambres avec piscine, terrain de basket et salle de cinéma signifie que nous n'en vallons pas la peine.

Mais les yachts de luxe, les vêtements bling bling et les bijoux ne définissent pas le succès. Les idées relatives au luxe comme étant le succès ont tellement nui à notre estime de soi qu'elles nous ont volé les victoires que nous avons obtenues grâce à notre dur labeur.

Pour réussir, il faut fixer des objectifs et être suffisamment discipliné pour les atteindre. Lorsque j'ai découvert cette vérité fondamentale, mon attention a basculé de l'acquisition de l'argent et de la notoriété pour se concentrer plutôt sur une vie qui a du sens pour moi.

Je vous encourage à examiner votre définition du succès et à adapter votre façon de penser en conséquence. Cela peut vous soulager de beaucoup de pression et vous mettre sur la voie du bonheur.

Je le répète : lorsque vous vous réveillez chaque matin et accomplissez des choses importantes pour votre vie, cela s'appelle la réussite !

A présent, tel qu'évoqué plus haut, atteindre des objectifs

importants nécessite un travail acharné et de la discipline. C'est ce qui sépare les personnes qui réussissent de celles qui n'y parviennent pas. Les personnes qui réussissent prennent l'habitude de faire les choses d'une certaine manière, contrairement aux personnes qui échouent. Les gagnants ne font pas forcément des choses différentes, les gagnants font les choses différemment. Par exemple, tout le monde veut avoir un travail bien rémunéré, mais tous ne seront pas disposés à suivre les études requises ou la formation exigée pour cet emploi. Le succès est un programme dénommé "fais-le toi-même", et cela doit être fait par vous. Vous êtes le seul à savoir ce qui est le plus important pour vous.

Il est également important de rappeler que le succès est différent pour chacun d'entre nous, car nous avons tous des parcours de vie différents. Quand je suis arrivé aux États-Unis, je ne pouvais pas formuler une seule phrase en anglais. Je ne connaissais pas grand-chose de la société et de la culture américaines. Donc, à l'âge de vingt-quatre ans, quand la plupart des Américains ont terminé leurs études et sont entrés sur le marché du travail, je regardais les programmes pour enfants pour apprendre l'anglais. À l'époque, le succès, pour moi, se limitait à réussir ABC et 123 en Anglais.

Quelqu'un aurait pu me regarder et rire. C'était si élémentaire. Mais pour moi, ces petits objectifs étaient tout. Ils étaient la base qui me permettrait de réaliser mes plus grands objectifs et mes rêves.

Dans la mesure où nous faisons ce qui est important pour nous, nous réussissons chacun en ce qui le concerne. Ne laissez donc personne d'autre définir ce que vous devriez ou ne devriez pas célébrer comme étant du succès. Le parcours de votre vie ne sera pas toujours facile. Vous devriez parfois vous arrêter, réévaluer, faire une pause et faire un détour avant d'arriver à destination. Quoi qu'il en soit, c'est votre route et vous y définissez ce qu'est le succès.

Comme vous pouvez le constater, mon chemin partant du Togo jusqu'à l'endroit où je me trouve aujourd'hui n'était pas droite. Je vous encourage donc à commencer à vous féliciter pour toutes vos réalisations, grandes ou petites.

À part vous et quelques autres personnes qui pourraient lire ces lignes, personne ne connaît mon nom, et aucun paparazzi ne me poursuit pour prendre mes photos, mais cela ne limite ni ne définit mon succès. Le succès est personnel et je souhaite que vous trouviez le vôtre.

Avant de passer à un autre sujet, permettez-moi de vous rappeler une fois de plus que le succès n'est pas une destination, mais un voyage. Soyez honnête avec vous-même. Lancez-vous à la quête de la vie que vous savez que vous désirez, et célébrez vos réalisations. Votre bonheur en dépend.

CHAPITRE 10:
Résolution des problèmes

Tout problème est une chance pour vous de vous servir de votre immense potentiel, de faire de votre mieux, d'utiliser votre esprit de manière créative. « —Duke Ellington

Je n'ai jamais rencontré une seule personne sans problème dans ma vie, et je ne crois pas non plus que vous ayez rencontré une telle personne. Vous ne serez jamais à un stade où vous serez totalement libéré des défis de la vie à moins que vous ne soyez huit pieds sous terre dans un cimetière.

Les problèmes sont là pour rester, et être un être humain fonctionnel signifie déterminer les moyens les plus efficaces de les résoudre. Donc, quel que soit le défi auquel vous faites face, vous n'êtes pas le premier et vous ne serez pas le dernier.

En général, vous devrez faire face à deux types de problèmes: ceux auxquels vous ne pouvez rien faire et ceux sur lesquels vous pouvez vraiment agir. Apprendre à différencier les deux simplifiera grandement votre vie. Mais pour le moment, concentrons-nous sur les problèmes que vous pouvez résoudre.

Face aux défis, votre meilleure ressource c'est votre cerveau. C'était quand, la fois la plus récente où vous l'avez utilisé efficacement ? C'est si facile de se tourner vers les autres pour trouver des solutions, mais le plus souvent, les gens vers qui nous nous tournons ne connaissent pas mieux que nous. Je vous encourage à rechercher par vous-même comment vous pouvez résoudre vos problèmes.

Tout d'abord, vous devez identifier le défi auquel vous faites face. Souvent, nous ne savons pas quoi faire, parce que nous ne nous sommes pas clairement figuré ce à quoi nous sommes confrontés. En médecine, disent-ils, «un bon diagnostic c'est déjà la moitié du remède», et cela est vrai pour tous les défis ou problèmes de votre vie. Si vous pouvez articuler clairement votre défi, je peux vous garantir que vous y trouverez une solution.

Ensuite, rassemblez toutes les informations relatives à votre situation. Posez des questions, faites des recherches, réfléchissez, comparez et analysez la situation dans son ensemble. Ne vous limitez pas à un seul aspect. Puis, prenez une décision. Même si c'est une mauvaise décision, elle vaut mieux que de ne pas prendre de décision du tout. Pour chaque défi, il existe une solution et il vous incombe de la trouver.

Lorsqu'il s'agit de résoudre la plupart de vos problèmes, ne perdez pas votre temps à en parler à des personnes qui ne peuvent pas vous aider à les résoudre. N'oubliez pas que 90% s'en moquent, 5% vous flatterons par de belles paroles, et même si les 5% restants voudriont peut-être vous aider, leur priorité sera leurs propres problèmes. Au lieu de cela, demandez conseil à des experts dans le domaine où vous rencontrez des difficultés.

Voici certaines des techniques que j'ai utilisées pour résoudre la plupart de mes problèmes:

    1- Accepter la responsabilité de chaque situation dans laquelle vous vous trouvez. Accuser quelqu'un d'autre est contre-productif et ne déchaînera pas votre créativité.

2- Arrêtez d'appeler vos défis des problèmes. Votre esprit est programmé pour résoudre des défis, votre créativité s'éteint à l'écoute au son du mot «problème».

3- Si votre santé est en cause, parlez-en à votre médecin ou à quelqu'un du domaine médical. À quoi cela servirait-il de vous plaindre auprès de quelqu'un qui ne sait pas grand-chose de votre état de santé et la santé en général ? Tout ce qu'il pourra faire, c'est spéculer, et cela ne vous guérira pas.

4- Si l'argent est le défi, rencontrez quelqu'un qui a atteint un certain niveau de succès financier, et demander des conseils.

5- Ne parlez pas à vos amis célibataires de problèmes relationnels. Examinez l'état de la relation de la personne qui vous conseille pour déterminer si elle est qualifiée. Vous pouvez également parler à votre pasteur ou chef religieux et spirituels ou à d'autres professionnels qualifiés pour vous guider à travers les défis de nature relationnelle.

6- Pour savoir comment concevoir et atteindre vos objectifs, faites appel à une personne qui l'a bien fait. Poser des questions.

7- Choisissez judicieusement votre relation ou partenaire de vie. Ce que vous voyez est ce que vous obtenez. Les gens peuvent changer leurs propres actions et leurs propres plans. Mais vous ne pouvez pas. Vous vous épuiserez si vous pensiez pouvoir changer quelqu'un. Vous ne faites que retarder votre frustration et votre ressentiment si vous vous contentez de quelqu'un que vous ne voulez pas vraiment. Nous avons tous commis l'erreur de penser que nous pourrions changer quelqu'un. Si vous n'aimez pas un trait de personnalité chez un homme ou une femme et que cela brise l'accord, faites-le clairement savoir et prenez votre décision plus tôt au lieu d'espérer que cela disparaîtra secrètement.

8- Pour chaque situation difficile, il existe une solution. Le point essentiel ici est que vous devez obtenir le soutien d'une source crédible et d'une personne crédible face à l'adversité.

9- N'oubliez pas que vos amis et votre famille peuvent ne pas être les personnes indiquées vers qui se tourner pour demander des conseils. Ce n'est pas qu'ils ne vous aiment pas ou ne se soucient pas de vous, mais ils pourraient tout simplement ne pas savoir ce que vous devez entendre pour vous aider à faire face à votre situation.

Malheureusement, la première chose que nous faisons tous lorsque nous nous heurtons à une pierre d'achoppement est d'appeler nos amis, frères et sœurs, ou toute autre personne avec qui nous sommes proches, pour obtenir des conseils. Lorsque nous agissons sur la base de conseils bien intentionnés mais non éclairés, nous risquons d'aggraver nos situations.

Comme vous ne voudriez pas demander à un médecin de réparer votre voiture ou à votre coiffeur de réparer votre ordinateur, alors ne demandez pas conseil pour des problèmes personnels à quelqu'un qui ne sait pas de quoi il parle. Vous avez un grand esprit, alors utilisez-le. Dirigez-vous convenablement.

Vos défis sont des occasions d'apprendre, de grandir et d'avancer dans votre vie. Devenez la personne qui regarde vos défis avec un esprit ouvert et voyez votre créativité vous libérer.

CHAPITRE 11:
L'Argent et Les Finances

La bonne novelle que j'ai découverte au sujet de la finance personnelle, est qu'il n'y a rien de sorcier. Les finances personnelles dépendent 80% du comportement. Ce n'est que presque 20% qui concerne des connaissances intellectuelles. —Dave Ramsey

Depuis son introduction dans notre société, l'argent a toujours été une source de problèmes pour l'être humain. L'argent ne résout pas tous nos problèmes, mais je pense qu'il peut grandement contribuer au bonheur. J'ai grandi sans grand-chose et aujourd'hui, j'apprécie vraiment l'argent durement gagné et le confort qu'il procure. Avoir ce dont nous avons besoin peut nous fournir des conditions de vie décentes et de meilleures écoles pour nos enfants. Cela peut nous permettre de payer les factures d'hôpital, de partir en vacances et de mener une vie confortable.

Le principal problème que vous et moi avons avec l'argent c'est qu'en Amérique, le crédit nous pousse à dépenser beaucoup plus que nous ne gagnons. Cette habitude peut rapidement compromettre notre santé financière et nous jeter dans le trou de la dette. L'habitude de penser: « Je paierai plus tard » s'installe, et peu à peu, nous nous retrouvons à « dépouiller Pierre pour payer Paul ».

Deuxièmement, nous avons tendance à chercher aveuglément

plus, sans jamais prendre le temps de déterminer combien nous avons réellement besoin de gagner pour maintenir notre style de vie actuel et futur.

Will Smith a déclaré: « Nous dépensons de l'argent sur des choses dont nous n'avons pas besoin pour impressionner les gens qui s'en foutent. » N'essayez pas de suivre les gens de gauche à droite parce que vous essayez de les impressionner. Dépensez et épargnez à bon escient, selon vos propres besoins.

Nous avons tendance à penser que, si nous avions un million de dollars, tous nos problèmes financiers seraient résolus. Ce n'est pas vrai. Les millionnaires ont aussi des problèmes d'argent. Plus vous gagnez, plus vous dépensez. La clé est de gagner plus que ce que vous dépensez et de garder un bon contrôle sur votre comportement financier.

J'ai recueilli de bons conseils financiers tout au long de mon parcours et j'aimerais les partager avec vous. Ma formule d'indépendance financière, qui a augmenté mon bonheur, est : dépenser moins que ce que je gagne. Puis épargner, et investir.

Vous avez besoin d'un plan qui servira de feuille de route devant vous mener à votre destination financière. J'ai créé un plan financier basé sur mes revenus et mes dépenses et je surveille attentivement la manière dont je dépense mon argent. Faites l'inventaire de vos finances; et soyez honnête durant ce processus. Si vous êtes endetté, trouvez un moyen d'arrêter l'endettement. Analysez vos habitudes de consommation et je vous garantis que vous allez commencer à vous adapter.

La première bonne habitude à développer c'est l'épargne. Économisez toujours 10% de vos revenus. Mettez votre épargne dans un compte séparé - celui que vous ne toucherez pas - avant de payer votre loyer, votre hypothèque, votre emprunt ou toute autre chose. Si vous ne pouvez pas économiser 10%, commencez avec ce que vous pouvez et augmentez-en le montant progressivement.

Si vous n'avez pas un membre de la famille riche qui vous a laissé un héritage, vous appartenez à la majorité d'entre nous qui devons travailler dur et intelligemment pour devenir financièrement autonome. Il n'y a pas d'autre moyen pratique. Oubliez les schémas d'enrichissement rapide, ils ne sont que des illusions.

Deuxièmement, déterminez combien vous avez réellement besoin de consacrer à vos dépenses mensuelles pour maintenir des conditions de vie décentes. Pour certains, cela pourrait être $2000; pour d'autres, cela pourrait être $5000 ou plus. La clé ici consiste à déterminer ce que vous devez gagner.

Troisièmement, ayez un budget chaque mois. Consignez vos revenus et vos dépenses par écrit pour observer comment vous dépensez votre argent.

Quatrièmement, affectez d'abord chaque dollar que vous gagnez sur papier avant toute dépense. J'ai entendu tant de gens dire: « Je ne sais pas où est allé tout mon argent !» Cette cécité est une mauvaise habitude. Vous devez savoir où chaque dollar s'en va.

Cinquièmement, retardez chaque achat important et demandez-vous: « Ai-je besoin de cela ou est-ce que simplement je le veux ? » Il existe une énorme différence entre besoin et désir. Nous désirons beaucoup de choses dont nous n'avons pas vraiment besoin.

Une fois que vous avez appris à contrôler vos dépenses, à économiser de l'argent tous les mois et à investir judicieusement. Regardez ce qui vous arrive financièrement dans les trois, cinq et dix prochaines années. N'achetez pas une voiture très chère simplement parce que vous voulez impressionner quelqu'un - vous serez celui qui restera coincé dans les paiements de la voiture pendant des années. Ne soyez pas impulsif avec votre argent. Au lieu de cela, demandez-vous toujours pourquoi vous devez dépenser cet argent.

La gestion de vos habitudes financières affectera grandement ce que vous ressentez pour vous-même. Très peu de gens sont vraiment éduqués sur la prise de décision financière et sur des choses comme les cartes de crédit, les dettes universitaires, les prêts-auto et les prêts hypothécaires. La gestion de l'argent est un sujet très important et sérieux. Je vous encourage à rester vigilant. Être éduqué, lire et étudier ce sujet.

Enfin, je recommande vivement le livre de Napoléon Hill, Think and Grow Rich! (Réfléchissez Et Devenez Riche). Même le titre est pertinent, car nos vies sont principalement influencées par notre façon de penser. De mauvaises habitudes de pensée rendent la plupart des gens pauvres. La plupart des gens travaillent dur, mais ils ne pensent pas grand. Votre esprit s'appuie sur votre façon de penser, alors pensez grand et faites preuve d'intelligence. Les règles fondamentales pour devenir financièrement libre sont : dépenser moins que ce que vous gagnez, épargner au moins 10% de votre revenu à chaque fois et de ne pas dépenser d'argent que vous n'avez pas gagné.

CHAPITRE 12:
Je suis un Soldat Américain.

Dans son discours inaugural prononcé le 20 janvier 1961 par John F. Kennedy, le président nouvellement élu a déclaré: « Mes chers compatriotes: ne demandez pas ce que votre pays peut faire pour vous; posez-vous la question de savoir ce que vous pouvez faire pour votre pays.»

Ce chapitre est dédié à tous mes frères et sœurs d'armes - passés, présents et futurs !

Le 1er octobre 2010 est une date que je n'oublierai jamais. C'est ce jour-là que j'ai dit « oui » au peuple américain. J'ai levé la main droite, juré de « défendre et protéger la Constitution des États-Unis d'Amérique contre tous les ennemis étrangers et nationaux ». Je ne savais pas que cette cérémonie solennelle dans le centre de traitement des entrées militaires de Charlotte, en Caroline du Nord, m'ouvrirait les portes d'une vie de service et d'opportunités dont je n'avais jamais entendu parler.

En tant qu'immigrant Togolais de la première génération, on me demandait souvent ce qu'un quelqu'un comme moi faisait dans l'armée des États-Unis. Ma réponse à cette question était toujours: « Pourquoi pas ? ». Et je marquais ensuite une pause pour mieux élaborer.

Quand j'ai quitté mon pays d'origine en 2004, je n'avais jamais pensé pouvoir servir un jour dans une armée étrangère. Entre 2004 et 2010, j'ai passé six ans à travailler et à chercher dans mon nouveau pays. Je n'ai pas terminé mes études comme je le souhaitais, je travaillais dans des emplois peu satisfaisants, j'avais à peine de l'argent après avoir payé toutes mes factures et j'étais à peu près coincé au même endroit.

Rien ne se passait comme je le voulais. J'ai vu mes rêves s'évanouir un à un. Je n'avais personne sur qui compter et je sentais toujours qu'il y a mieux dans la vie que la situation dans laquelle je me trouvais.

Durant l'été 2010, alors que je conduisais un taxi à Louisville (Kentucky), travaillant treize heures par jour, six ou sept jours par semaine, un client qui je déposais à l'aéroport m'a donné le conseil qui allait changer ma vie.

En tant que chauffeur de taxi, j'aimais bien engager la conversation avec mes clients, même si la plupart de ces discussions se limitaient à la météo, au sport, aux informations et à d'autres sujets vagues. Le monsieur que j'ai rencontré ce matin-là était très sympathique. Il m'a posé des questions d'ordre général sur mon origine et mes objectifs dans la vie. Alors que je lui parlais un peu de moi et de ce que j'essayais d'accomplir, il m'a rapidement conseillé de me renseigner sur l'armée américaine. Ses mots exacts étaient : « Mec, tu peux obtenir ta citoyenneté et aller au collège gratuitement. » Au moment où il finissait sa phrase, nous sommes arrivés au terminal de départ. Il était pressé de prendre son vol, il m'a donc souhaité bonne chance et s'en est allé.

Je ne me souviens même pas de son nom, et je ne le reconnaîtrais pas si je le revoyais, mais je n'oublierai jamais le conseil qu'il m'a lancé à la volée. Cet étranger total avait tellement raison. L'armée américaine est devenue la famille que je n'avais pas aux États-Unis.

Au cours de ma vie de service, ce grand pays m'a donné un

chèque en blanc pour écrire ma propre destination dans la vie. Je crois sincèrement que si un nouvel immigrant ou un jeune homme ou une jeune femme souhaite prendre une longueur d'avance dans la vie ou en apprendre davantage sur ce pays et sa culture, passer quelques années dans l'armée est une excellente façon de le faire.

Au cours de ma courte carrière dans l'armée, j'ai eu le privilège de rencontrer des gens de tous les coins du pays. J'ai voyagé dans de nombreux états et pays pour des exercices d'entraînement et des déploiements. J'ai rencontré certains des leaders les plus incroyables qui font leur travail discrètement avec fierté et passion.

Je crois que beaucoup de gens aiment l'idée d'être dans l'armée, mais en réalité, très peu le font réellement. En fait, moins de 1% de la population américaine sert dans les forces armées.

Avant de rejoindre l'armée, je n'avais jamais vu des jeunes croire autant à leur pays. Mon appartenance à l'armée américaine m'a ouvert les yeux sur un groupe particulier de personnes prêtes à tout abandonner, y compris leur vie, pour défendre cette nation. Ils ne sont pas au rendez-vous de l'horloge du lundi au vendredi, de neuf à dix-sept heures. Ils savent qu'ils vont rater des anniversaires, qu'ils ne seront pas là lorsque leurs enfants feront leurs premiers pas et qu'aucun jour férié n'est garanti.

Malgré ces sacrifices, ils sont si fiers de servir. Quand je demande à mes camarades soldats pourquoi ils ont rejoint cette fraternité unique, je suis toujours étonné par les réactions incroyables. Parmi tant d'autres, l'amour du pays est toujours l'une des principales raisons.

J'ai rejoint l'armée en octobre 2010, en tant que militaire enrôlé, avec rang de soldat et sans diplôme universitaire. Après avoir terminé mon entraînement de base et mon entraînement individuel avancé à Fort Leonard Wood, dans l'état du Missouri, je suis revenu dans ma première unité à Salisbury en Caroline du Nord.

Neuf mois plus tard, j'ai demandé à être muté dans une unité beaucoup plus proche de moi à Greensboro, en Caroline du Nord: le 422ème bataillon des affaires civiles et opérations psychologiques, également connu sous le nom de « Centurions ». C'est dans cette unité que ma carrière dans l'armée a réellement pris son envol. De nombreux, officiers, sous-officiers et hommes de rang ont eu un impact positif considérable sur ma carrière. Permettez-moi de citer quelques-uns.

Le brigadier général Robert Cooley était le commandant de bataillon de la 422e unité des affaires civiles et il n'a jamais cessé de me dire combien j'avais du potentiel. Il m'a donné l'occasion d'informer tous les mois la direction du bataillon au complet et m'a conseillé de devenir officier.

Lors de notre entraînement mensuel, en tant que soldat de rang avec le rang de caporal, j'étais hésitant à informer l'ensemble du commandement. Je n'étais pas sûr de mon accent anglais, de mon rang et du fait que j'étais si nouveau dans l'armée. Cependant, l'opportunité que me donnait le lieutenant-colonel Cooley à l'époque m'a obligé à apprendre rapidement, ce qui a renforcé ma confiance. Je suis à jamais reconnaissant au général Cooley d'avoir cru en moi.

Sergent-Chef (à la retraite) Duane Robinson: À ce jour, je n'ai jamais rencontré un sous-officier aussi dévoué que le sergent-chef Robinson. La première fois où j'ai rencontré le sergent-chef Robinson, c'était lors de notre réunion mensuelle au début de 2012. Alors que les autres soldats et moi étions dans la salle d'exercices, j'ai vu le sergent Robinson se promener dans la pièce, une feuille de papier à la main, demandant aux soldats quand ils pourraient assister à des écoles de l'armée et d'autres formations pouvant les aider à être promu.

Il existe un dicton dans l'Armée de terre: « Vous êtes responsable de votre propre carrière. » Cela signifie simplement que vous êtes responsable de la progression de votre carrière. D'après mon expérience, il était rare de voir un sous-officier supérieur demander aux soldats quelle école ils souhaitaient fréquenter et à quel moment.

Le sergent-chef Robinson a fait de son mieux pour encadrer et aider les jeunes soldats à poursuivre leur carrière. J'étais un de ces soldats.

Le major Perkins et Mme Davis: Pendant mon séjour dans cette unité ou après mon départ, je n'avais jamais eu besoin d'un document signé — ou de toute autre demande — que Mme Davis ou le major Perkins ne pouvaient pas réagir. Au-delà du développement de bonnes relations de travail, je suis devenu ami avec les deux au fil des ans. En fait, à ce jour, je peux toujours les appeler pour n'importe quelle raison ou sans raison du tout.

Lorsque j'ai eu besoin de lettres de recommandation au moment où je devais devenir officier, le lieutenant-colonel Cooley, le major Perkins et le Sergent-chef Robinson (à la retraite) ont écrit des observations flatteuses sur moi et mon potentiel. Leur approbation m'a finalement permis de devenir officier de l'armée, et je ne peux pas commencer à décrire l'impact qu'ils ont eu sur ma vie.

Ecole des Officiers

Lors de ma formation à l'école des officiers au camp militaire nommée Fort Lee, en Virginie, j'ai rencontré de nombreux autres leaders qui se rendaient aux quatre coins du monde après notre formation pour servir notre pays. Parmi eux, je voudrais vous présenter deux officiers de ma classe: le lieutenant Spencer Bentley et le lieutenant Jimmy Cardona, qui incarnent à quel point notre grande armée est incroyable et diversifiée.

Le lieutenant Spencer Bentley avait vingt-deux ans. Il venait tout juste de sortir de l'université et se rendait à Hawaii pour son premier lieu d'affectation après l'obtention de son diplôme.

Le lieutenant Jimmy Cardona avait quarante-deux ans et il avait servi plus de vingt ans dans le service actif de l'armée de l'air américaine avant de rejoindre la Réserve de l'Armée de terre. J'ai interrogé les deux officiers sur leurs antécédents et leur décision de rejoindre l'armée et de servir en tant qu'officiers.

Voici le lieutenant Bentley en ses propres termes :

«Je viens d'une banlieue de Columbus, Ohio, appelée Pickerington. J'ai vécu à Pickerington avec mon frère aîné, ma sœur aînée, ma mère et mon père. Ma mère a toujours fait savoir que, depuis que je suis tout petit, elle savait que je voudrais faire partie de l'armée.

« Après avoir joué au football et fait de à la course à pied au lycée, je me suis enrôlé dans la garde nationale de l'Ohio. J'ai rejoint le programme ROTC (Reserve Officer Training Corps) de l'Université de l'Ohio peu de temps après. J'ai étudié à l'entrepreneuriat pendant quatre ans à l'Université de l'Ohio et je l'ai aimé. J'avais l'impression de devenir un individu complet et diversifié lorsque j'ai découvert le monde des affaires et développé mon leadership grâce au programme ROTC qui est un programme destiné à former les futurs officiers de l'armée.

« Quand on me demande pourquoi j'ai décidé de promettre ma vie pour défendre et protéger ce grand pays, il est presque difficile de répondre. J'ai toujours eu le sentiment de vouloir faire plus pour ceux qui m'entourent et de servir ce pays. Pour moi, cela a conduit à l'apprentissage de l'armée et, plus tard, à choisir l'armée comme branche de prédilection. Je veux être celui qui fait le travail que les autres ne veulent pas, prendre le travail non désiré pour que les autres n'aient pas à le faire. Non seulement j'ai le plaisir de servir le pays, mais j'ai l'occasion de voir différentes parties du pays et du monde. Je peux parler à des gens de différentes cultures, écouter leurs histoires et apprendre d'eux. C'est un monde étonnant et je ne changerais jamais ma décision de faire partie de l'armée. «

Le lieutenant Bentley a été accepté à la Rangers School (Forces Spéciales) avant même d'être diplômé de l'école des officiers. J'ai vraiment admiré ce jeune homme plein d'ambition et de potentiel.

Lorsque j'ai demandé au Lieutenant Cardona pourquoi il avait rejoint l'armée de terre à son âge après avoir servi pendant un peu plus de deux décennies dans l'armée de l'air, il a simplement répondu: «J'ai encore quelque chose à offrir à mon pays.» Le lieutenant Cardona est né en Colombie, en Amérique du Sud. Il est venu aux États-Unis quand il avait deux ans. Il a rejoint l'armée de l'air dès la fin du lycée et n'a jamais regardé en arrière.

En écoutant leurs histoires, je me suis dit: «C'est ce qui rend cette nation si unique.» Ce pays a une place pour tout le monde tant que vous êtes prêt à payer le prix que vous voulez. Après plus de vingt ans de service dans une branche, le lieutenant Cardona était toujours disposé à s'engager plus longtemps dans une autre branche et un jeune homme d'une vingtaine d'années avait décidé de consacrer tout ce qu'il avait à la vie de service pour la nation.

A tous mes camarades de classe:

LT Albanese Anthony

LT Bentley Spencer

LT Bray Isaac

LT Camp Jonathan

LT Cardona Jimmy

LT Carey Gerald

LT Carroll Adam

LT Dancy Eric

LT Darby Adrianne

Dees William (Department of Army Civilian)

LT Denzil Dennison

LT Dominguez Abraham

LT Dorsey Margaret

LT Gale James

LT Gallwoay Kevin

LT Gillespey Tyler

LT Hagen Jon

LT Hoffman Evan

LT Hollier Adam

LT Hoxha Klita

LT Huynh Thomas

LT Jones Nathan

Langlois Joshua (Department of Army Civilian)

LT Lor Sengxai

LT Lown Wesley

LT Lynn Mark

LT Murphy Jamal

LT Ostheim Jonathan

LT Pinchuk Igor

LT Porterfield Keely

LT Pugh Samuel

LT Quinn Brian

LT San Nicolas Javelin

LT Sezgin Onur

LT Smith DeAnthony

LT Storto Alex

LT Vinluan Mark
LT Wells Joshua
LT Wentling Jonathan

Merci pour votre service et votre dévouement à notre nation. Ce fut un plaisir d'étudier, de partager et de travailler ensemble dans le cadre de notre formation à l'école des officiers à Fort Lee, en Virginie. À notre instructeur Capitaine Forrister, merci pour votre mentorat.

L'armée américaine m'a fourni l'opportunité d'aller gratuitement à l'université et m'a aidé à devenir citoyenne des États-Unis beaucoup plus rapidement que je ne pouvais y arriver seul. L'armée m'a fourni une couverture santé, un prêt immobilier garanti et bien d'autres avantages. Mais ces cadeaux tangibles ne représentent qu'une petite partie de ce que l'armée m'a donné. Je ne peux pas mesurer la valeur de servir dans la meilleure armée que le monde ait jamais connue, avec les meilleures personnes que j'ai jamais rencontrées. Les liens que mes collègues et moi-même avons formé vont durer toute une vie.

Je suis certainement conscient du fait que tout le monde ne peut pas ou ne va pas servir dans l'armée; Cependant, j'exhorte tous les nouveaux immigrants et tous les jeunes hommes et femmes qui remplissent les conditions pour servir ce grand pays: faites-le ! Je peux promettre que votre vie ne sera plus jamais la même.

Même si l'armée n'est pas votre voie, je vous mets au défi de participer à quelque chose de plus grand que vous. Peu importe la façon dont vous le pouvez, commencez une vie de service auprès de votre famille, de votre communauté et de votre pays.

Je terminerai ce chapitre en partageant le credo du soldat. Ces lignes ont eu un impact puissant sur moi, et je veux que vous ayez l'occasion de réfléchir à cette philosophie unique:

Le credo du soldat

Je suis un soldat américain.

Je suis un guerrier et un membre d'une équipe.
Je sers le peuple des États-Unis et respecte les valeurs de l'armée.
Je placerai toujours la mission en premier.
Je n'accepterai jamais la défaite.
Je n'abandonnerai jamais.
Je ne laisserai jamais un camarade tombé au combat.
Je suis discipliné, physiquement et mentalement dur, entraîné et compétent dans mes tâches et exercices de guerrier.
Je maintiens toujours mes bras, mon équipement et moi-même.
Je suis un expert et un professionnel.
Je suis prêt à déployer, engager et détruire les ennemis des États-Unis d'Amérique au corps à corps.
Je suis un gardien de la liberté et du mode de vie américain.
Je suis un soldat américain.

Ces mots sont à jamais gravés dans mon cœur et je considère le service dans mon pays comme le plus grand honneur et privilège qui m'a été accordé. Je suis fier de porter l'uniforme de l'armée des États-Unis et je suis infiniment reconnaissant au peuple américain pour cet honneur.

À propos de la foi

Je n'ai pas beaucoup parlé du rôle de la foi, et je ne vais pas m'y étaler ici davantage parce que je crois que la foi est très personnelle. La religion n'est que l'un des nombreux moyens par lesquels les individus peuvent choisir d'exercer leur foi, à leur guise.

Mais je ne peux pas vous quitter sans vous dire à quel point ma foi a été importante dans ma vie. Cela m'a empêché d'aller à la dérive chaque fois que les choses devenaient difficiles. Je ne sais pas où et qui je serais aujourd'hui sans ma conviction profonde que Dieu est quelque part là-bas, travaillant pour moi. Cette perspective m'a permis d'être patient et résilient quand rien ne semblait jouer en ma faveur.

Je ne suis pas ici pour défendre une religion ou une vie spirituelle particulière, mais j'estime qu'il est très important d'alimenter cet aspect de votre vie, que vous croyiez en Dieu, en l'univers ou en une autre entité. S'il vous plaît, prenez le temps de vous connecter avec votre Dieu et d'être en contact avec le domaine spirituel de votre vie. Le temps accordé à Dieu dans la spiritualité générera une nouvelle énergie dans votre vie chaque fois que vous vous heurterez à un mur. Et il y aura de nombreux murs entre vous et vos principaux objectifs de vie. Croyez-moi.

Vos convictions profondes, votre persévérance et votre volonté de faire quelque chose de vous-même et d'aider les autres vous élèveront avec l'aide de votre énergie spirituelle. La persistance est simplement une démonstration de votre confiance en vous. Je vous encourage à ne pas ignorer cela.

Concernant le courage

Beaucoup d'entre nous pensent que le courage est l'absence de peur. Cependant, je crois qu'être courageux signifie agir malgré vos peurs. Vous ferez mieux de reconnaître que la vie est un défi. La pression psychologique à laquelle nous sommes confrontés chaque jour peut nous briser si nous n'avons pas le courage de nous battre pour changer nos conditions de vie. Même si vous êtes né dans des richesses matérielles, vous avez toujours besoin d'une vie psychologiquement équilibrée pour fonctionner.

La façon dont vous exercez votre courage déterminera l'issue de vos situations les plus difficiles. Il faut du courage pour continuer à travailler après avoir raté une promotion. Il faut du courage pour être honnête avec vous-même et admettre vos fautes. Il faut du courage pour continuer à essayer après avoir connu la défaite.

Je me suis promis que peu importe où allait ma vie, je ne cesserais jamais d'essayer. Je pourrais prendre une pause, je pourrais pleurer, et je pourrais être triste, en colère ou contrarié pendant des jours, mais j'y retournerais et continuerais à essayer jusqu'à ce que je puisse faire les changements que je voulais faire. Depuis le jour où je me suis fait cette promesse, j'ai pu mettre de côté tous mes soucis et vivre en paix avec moi-même.

La vérité est que nous avons tous peur de quelque chose. Le grand défi consiste à agir malgré vos peurs. Face à un défi, ne laissez pas vos peurs vous contrôler. Soyez courageux et agissez ensuite. Vos peurs disparaîtront et votre niveau de confiance augmentera.

À propos du pardon

Garder rancune contre quelqu'un fait de vous un prisonnier de cette personne, alors libérez-vous de la rancune. Lorsque vous entretenez de la colère, la personne contre qui vous êtes en colère contrôle votre humeur et vos émotions et vous maintient en déséquilibre. Pourquoi voudriez-vous donner autant de pouvoir à quelqu'un ?

Le pardon est pour vous, pas pour l'autre personne. Nous pensons souvent que pardonner à quelqu'un nous affaiblit, mais l'inverse est vrai. Il faut une personne forte pour s'excuser pour un acte répréhensible. Il faut autant de force pour pardonner.

Alors, si vous avez mal agi, veuillez demander des excuses. Cela ne signifie pas que vous êtes faible; cela signifie que vous vous connaissez suffisamment - et que vous valorisez suffisamment les autres - pour admettre que vous avez mal agi.

Et quand les gens vous ont fait du tort, pardonnez-leur et libérez-vous de cette négativité.

Surtout, pardonnez-vous chaque jour pour toutes les choses imprudentes que vous avez faites et pour les erreurs que vous avez commises. Nous sommes nos pires critiques, mais cela ne devrait pas nécessairement être le cas.

RÉFLEXIONS FINALES AU SUJET DE MON PARCOURS

Le travail le plus difficile que vous ferez est le travail sur vous-même. Apprenez à travailler plus dur sur vous-même que vous ne le faites sur votre travail. Si vous travaillez plus dur au travail, vous gagnerez votre vie, mais si vous travaillez plus dur sur vous-même, vous ferez fortune. —Jim Rohn

Enfin, chaque vie sur cette terre est un voyage. Du moment où vous êtes né au moment où vous mourez; beaucoup de choses vont vous arriver. Certains seront sous votre contrôle, mais beaucoup ne le seront pas. Par exemple, nous ne décidons pas quand ni où nous sommes nés, comment nous grandissons ou qui sont nos parents. Mais en tant qu'êtres humains, nous avons la capacité remarquable de changer qui nous sommes et où nous nous dirigeons. Prenez conscience de monter vos propres feuilles de route et de trouver la motivation pour les suivre.

Ces audios de quatre dollars de Brian Tracy ont révolutionné toute ma vie et ce n'est que la partie visible de l'iceberg. Il y a un dicton qui dit que la connaissance est un pouvoir, et j'ajouterais ceci: la connaissance appliquée est une force imparable.

Que vous les acceptiez ou non, notre univers a des principes qui régissent notre existence sur terre. Vous ne pouvez pas choisir comment votre vie commence, mais vous pouvez en changer le cours une fois que vous avez appris et appliqué ces principes. Vous pouvez blâmer vos circonstances de la vie ou travailler avec ce que vous avez afin de forger votre destin - le choix vous appartient.

Je ne sais pas où ce livre vous trouve. Je ne connais pas votre situation actuelle, votre histoire ou votre saison de vie, mais je sais que vous avez quelque chose de tout à fait unique.

Gagner le jeu de la vie ne consiste pas à avoir des millions de dollars en banque, à avoir les choses les plus chères ou à vivre comme une star d'Hollywood. Il s'agit de prendre les mesures nécessaires pour régler les petites choses qui vous importent le plus.

Des combats plus importants rendront plus difficile la réalisation de vos victoires. Pour certains, obtenir son diplôme d'études secondaires ou collégiales, acheter une maison pour la première fois, devenir officier dans l'armée des États-Unis, ou obtenir un emploi stable dans la carrière de son choix sera une victoire facile. Cependant, pour ceux qui, comme vous et moi, êtes partis de rien et ont emprunté notre chemin, atteindre ces objectifs est le paradis sur terre - ces victoires représentent tout ce que nous pourrions souhaiter.

Ainsi, quelqu'un qui n'a jamais marché dans vos chaussures peut percevoir vos victoires comme étant sans importance ou minimes. Je vous conseille d'éviter ces types de personnes.

Au lieu de cela, célébrez vos réalisations, même les plus petites, de toutes les manières possibles. Ces célébrations vont galvaniser votre esprit, votre esprit et votre corps, et elles vous encourageront à poursuivre des objectifs plus nombreux et plus ambitieux.

Venir aux États-Unis sans rien, apprendre l'anglais, rejoindre l'armée, acquérir la citoyenneté américaine, obtenir son diplôme universitaire, devenir officier de l'armée, gagner un revenu à six chiffres, devenir un membre précieux de ma famille, de ma communauté et de mon pays, posséder des maisons et les voitures, et bâtir une solide base personnelle et financière en 14 ans peut sembler un miracle - ou à tout le moins, une grande chance.

Cependant, mon voyage n'a rien de mystérieux, de chanceux ou de miraculeux. J'ai travaillé sur moi-même et je travaille continuellement à m'améliorer. Vous pouvez également devenir meilleur, peu importe à quel point vous en êtes dans votre vie ou l'endroit où vous vous trouvez géographiquement. Décidez aujourd'hui. Tout ce que j'ai accompli est le fruit d'un travail ardu, de luttes, de persévérance et de la conviction éternelle de faire quelque chose de moi-même ou de mourir en essayant.

Je me suis décidé très tôt à vivre pleinement ma vie. J'ai accepté de bonne heure que les douleurs et les échecs feraient partie de la vie, tout comme la joie, les triomphes et les accomplissements. J'ai accepté de ne jamais être parfait ni bon en tout, mais que je pouvais faire quelque chose pour m'améliorer chaque jour dans un domaine spécifique.

Mon plus grand accomplissement est la personne que je suis devenue au cours de mon parcours. J'ai beaucoup appris et continue à le faire. Je suis devenue plus patient et tolérant et j'ai appris à voir la vie à cœur ouvert au cours de mes quatorze années passées en Amérique.

Les États-Unis d'Amérique sont connus dans le monde entier comme le phare de la liberté, la Terre de la liberté, le refuge des opprimés et le lieu d'un nouveau départ. Personnellement, c'est aux États-Unis que je me suis découvert et que j'ai créé une vie incroyable.

J'ai fait la découverte la plus vitale que je n'ai jamais faite : le pouvoir d'obtenir par ma pensée tout ce que je désire ardemment. Mais les principes dont j'ai parlé dans ce livre sont universels. Mon intention est maintenant d'aider les autres à apprendre ce mode de vie et à tirer profit de l'application de ces principes à leur vie partout où ils/elles seront sur cette terre.

Peu importe où vous en êtes actuellement - physiquement, spirituellement, émotionnellement ou financièrement - vous pouvez transformer votre vie en commençant à penser et à travailler sérieusement et vous mettre sur votre chemin vers la bonne santé, la prospérité, la tranquillité d'esprit, le succès et le bonheur. Le choix vous appartient. N'oublie pas surtout que « j'ai appris que je suis en train de devenir ce à quoi je pense toute la journée. » Alors ma question pour toi est de savoir : « à quoi penses-tu à longueur de journée ? » La réponse a cette question déterminera ton avenir.

Je vous souhaite du bonheur, je vous souhaite de l'amour, et surtout, je vous souhaite de découvrir le véritable but de votre vie, de le poursuivre avec foi, patience et détermination, et surtout de « danser » sur votre propre musique. Ta vie t'appartient. Je vous encourage à vous occuper de vous-même.

Sincèrement,

Avec tout mon affection,

Komi M. Afetse

REMERCIEMENTS

Même si j'étais volontaire et déterminé à réaliser mes rêves, je n'aurais pas pu faire tout cela sans le soutien et l'aide de ma famille (immédiate et élargie), de mes amis et de nombreuses autres personnes qui, sciemment ou non, m'ont aidé tout au long de mon parcours. Mes enfants sont particulièrement devenus ma motivation pour laisser un héritage dont ils seront fiers.

Alors, je me réveille chaque jour en sachant qu'il y a des gens qui croient en moi et que je dois faire tout ce qui est en mon pouvoir pour ne pas les laisser tomber. Je me bats pour un avenir meilleur qui profitera à tous.

Je saisis cette occasion pour reconnaître chaque âme gentille et pas si gentille rencontrée ces quatorze dernières années. Tous m'ont aidé à devenir la personne que je suis aujourd'hui.

À propos de l'auteur

Né au Togo, en Afrique occidentale, Komi Afetse a quitté son pays d'origine à la recherche d'une meilleure vie aux États-Unis d'Amérique en mars 2004. Après des débuts très difficiles aux États-Unis, il s'est enrôlé dans l'armée et a été naturalisé Citoyen américain en août 2011. Il a ensuite obtenu sa licence et puis sa maitrise plus tard à l'université d'Etat de la Carolina du Nord (North Carolina A&T State University).

En tant que sous-officier des affaires civiles et des opérations psychologiques, il a été déployé au Djibouti (Corne de l'Afrique) entre 2014 et 2015 pour appuyer une mission du gouvernement des États-Unis dans cette région. Il a ensuite obtenu sa nomination directe en tant qu'officier de l'armée américaine. Komi travaille actuellement comme Ingénieur Informaticien des Bases de Données affecté à la division des opérations cybernétiques au Pentagone à Washington, DC.

Le récit remarquable de la vie de Komi Afetse fait partie d'une histoire plus vaste appelée « Le rêve américain ». C'est l'histoire du dur labeur, de la persévérance, de la résilience, de la foi et de la détermination. Komi a rejoint l'armée au rang le plus bas, sans diplôme universitaire, et est rapidement devenu officier grâce à sa détermination et a son courage.

À son arrivée aux États-Unis, incarcéré pendant près de quatre mois par les services des douanes et de l'immigration pour un malentendu à l'aéroport, Komi ne pouvait même pas lire ou écrire l'anglais. Son parcours vers le succès personnel, professionnel et l'indépendance financière en quatorze ans témoigne de sa résolution, de son audace et de sa confiance dans les principes universels du succès et les opportunités de cet incroyable pays.

Auteur de nombreux essais sur le développement personnel, la motivation personnelle, la fixation d'objectifs et une vie inspirante, Komi est également un conférencier motivateur et fondateur de la société de conseil en développement humain « Afetse Consulting International ». Il est un voyageur international et un ardent défenseur public des principes d'une vie réussie.

For more information about the author, speaking engagements, and bulk book orders, please visit: https://komiafetse.com/

www.ingramcontent.com/pod-product-compliance
Lightning Source LLC
Chambersburg PA
CBHW020935090426
42736CB00010B/1153